오픈 시크릿

The Open Secret by Tony Parsons

오픈 시크릿

The Open Secret by Tony Parsons

The
Open
Secret

토니 파슨스 지음
안이지 풀어 옮김

씨
아이
알

CONTENTS

옮긴이 여는 말

Enter(◄┘)에 관한 당신의 동의.

스테판 토마스는 암호 화폐 프로그래머이다.
그는 2011년, 거래처로부터 거액을 받았다.
현재 그의 예금액은 3,300억 원이다.

그는 경제적 어려움이 생기자 현금화하려 했다.
그런데 이게 웬일인가?
갑자기 비밀번호가 기억나지 않았다.
토마스는 10년 동안 비밀번호를 해독했지만
도무지 알아낼 수 없었다.
전자지갑은 10회 오류가 나면 돈을 찾을 수 없다.
내장된 코드(code)가 암호화되어 있기 때문이다.
그는 최근까지 9번을 시도했지만 모두 실패했다.
이제 그에게 딱 한 번 기회가 남아 있다.

토마스의 이야기는 전 세계에 알려졌고,
어떤 해커가 공개서한을 보냈다.

암호화 프로그램 운영자입니다.
당신의 전자지갑을 열어드리죠.
비밀번호 역시 알려드리겠습니다.

2023. 10. 23. 언사이퍼드 컴퍼니

토마스가 뛸듯이 기뻐했을까?
이상하게도 그는 메일에 답하지 않았다.
그는 회사의 제안을 믿지 않는다며 거절했다.

며칠 후 회사는 두 번째 공개서한을 보냈다.

비밀번호를 알아냈습니다.
10회 시도 제한까지 풀었습니다.
오늘 3,300억 원을 현금화해드리겠습니다.
액세스하려면 예금주 동의가 필요합니다.
Enter 버튼만 눌러 주세요.

2023. 10. 25. 언사이퍼드 컴퍼니

토마스는 이번에도 답하지 않았고
운영자는 마지막 서한을 보냈다.

귀하의 비밀번호를 완전히 해독했습니다.
하지만 더 중요한 한 가지를 놓쳤습니다.
이제 토마스 스테판을 해독해야 합니다.
그것이 가장 어려운 부분입니다.

2023. 10. 30. 닉 페도로프, 언사이퍼드 운영자

이 책은
당신이 잊고 있던 비밀에 관한 글이다.
이미 공개된 비밀을 기억하지 못하여
삶의 고통과 공포로 지내는 당신은
반대의 법칙이 지배하는 세계에서 살고 있다.

사랑과 증오, 만남과 이별, 얻음과 잃음, 기대와 실망
기쁨과 슬픔, 행복과 불행, 건강과 질병, 젊음과 늙음

이러한 반대의 법칙이 지배하는
상대성의 세계에서는
당신이 어떠한 삶을 살고 있든지
반드시 근원적 공포와 마주치게 된다.

그것은 퇴근길 노선버스와 같다.

언제 올지 모르지만 반드시 온다.

그 버스의 이름이 죽음이라는 사실은 누구나 알고 있다.

노선버스는 1인승.

운전기사는 부재중.

혼자 타고 혼자 운전해야 한다.

이 버스는

내가 먼저 타고, 사랑하는 사람이 나중 타거나,

사랑하는 사람이 먼저 타고, 내가 나중 타게 된다.

죽음의 공포.

이 느낌을 떨쳐버리기 전에는

사랑하는 애인, 배우자, 가족, 친구

누구도 당신의 두려움을 없애줄 수 없다.

지금

나뿐 아니라 그들도 이 버스를 기다리기 때문이다.

이 책은

삶의 고통과 죽음의 공포가 지배하는

상대성의 세계를 단번에 깨트리는 비밀번호 4자리를

공개한다.

1번: 나는 의식이다.

2번: 의식은 몸 안에 있지 않고 몸 밖에 있다.

3번: 내 몸(감각, 느낌, 생각, 의지)은 의식의 자기체험이다.

4번: 1, 2, 3을 믿으면 당신은 불멸의 존재(being)이다.

동의하는가?

Enter 누르지 않을 사람만 이 책을 읽으라.

P.S.

사실

누르지 않아도,

비밀번호를 몰라도 문제없다.

통장에 있는 돈은 변함없이 당신 것이니.

옮긴이 안이지

Introduction

Whilst we remain locked within the apparent experience of being separate individuals living in an existence with which we have to negotiate, we live in a state of dreaming.

In that dream state, all that we do is apparently governed by the law of opposites in which every so-called positive act is exactly and equally balanced by its opposite.

Therefore all of our individual attempts to make our lives work, to reach perfection or to attain personal liberation, are neutralized.

머리말

우리는 지금 꿈꾸는 상태로 살아간다. 겉보기에 서로 협상을 하며 살아가야 하는 분리된 개인들로 보이는 명백한 경험에 묶여 있는 동안에는 말이다.[1]

이러한 꿈의 상태에서, 우리의 모든 행동은 긍정과 부정이 정확하게 균형을 이루는, 즉 좋은 일도 나쁜 일로 정확히 중화되는 반대의 법칙에 지배 받는 것처럼 보인다.

그러므로 우리 삶을 작동시키는 노력과 삶에서 만족을 얻거나 개인적 자유(해방, 해탈, 깨달음)를 얻으려는 시도는 모두 중화되어 사라진다.

We discover, through deep reflection and understanding, that as long as we continue in this dream we are, in reality, living in a circle. We are on a wheel on which everything is continually repeating itself over and over again in differing images. It is wholeness delighting in a creation that is both constrained and liberated. And despite what we believe about our individuality and free will, we come to see that we are only dreamed characters reacting and responding from a set of conditioned belief systems.

All of classic religion, art and science, in a world that we see as progressive, comes within the parameters of this perfectly balanced and exactly neutral state which serves only to reflect another possibility. In terms of actual liberation nothing is happening. What we have apparently created is apparently destroyed. And what we have apparently destroyed is apparently re-created.

깊은 통찰과 이해로 보면, 꿈을 계속 꾸는 동안 우리는 현실의 원주율 안에서 맴돌며 살고 있음을 발견하게 된다. 우리 모두는 (배우로서) 이미지(배경)만 끝없이 바뀌며 돌고 있는 회전 무대 위에 서 있다.[2] 그것은 구속과 자유라는 동시적 창조에서 즐거워하는 '전체성'이다.[3] 우리는 자신의 개별성과 자유의지를 믿고 있음에도 불구하고, (결국) 조건화된 신념 체계의 장치에서만 반응하며 행동하는, 단지 꿈꾸는 자임을 알게 된다.

진보로 보는 세상에서, 모든 기성 종교, 예술, 과학은 서로 다른 가능성으로 단지 (하나를) 비추기 위해, 완벽한 균형과 정확한 중립적 상태의 파라미터[4] 안으로 들어온다. 실제로 해방(해탈: 억압에서 풀려남)되면, 당신에게는 아무 일도 일어나지 않는다. 겉으로 볼 때(外見上), 우리가 창조해온 것은 외견상 반드시 파괴된다. 그리고 외견상 파괴해온 것은 반드시 재창조된다.

Moving from our original and timeless nature into wholeness identified has created this circumstance in order to rediscover that the dream we are living has absolutely no purpose. That awakening emerges outside of the dream, outside of time, and is completely beyond the grasp of individual effort, path, process or belief.

전체성[5]으로 들어가는 우리의 고유하고 무시간적인 본성은 이런 환경(외견상 창조와 파괴의 세상, 生滅)을 만들어 왔다. 그것은 절대적 목적 없이 떠돌며 살고 있는 우리의 꿈을 재발견하기 위해서였다. (우리 삶이란 꿈에서 깨어나기 위한 과정이었다.) 깨어남은 꿈과 시간 밖에서 드러나며, 개인적 노력, 영적 행로, 수행, 믿음과 같은 집착 너머에 있다.

옮긴이 주

1   이 책에서 사용된 'apparently'는 '겉보기에^{외견상}'와 '명확한' 두 가지 뜻으로
    쓰이는 아드바이타 저자들의 비분^{非分} 어법이다. 예를 들어 '아트만(Atman)',
    '위빠사나(Vipassana)', '다르마(Darma)'를 개별성과 전체로 혼용하여 단어의
    확정성을 회피하는 비이원적인 언어사용법이다.

2   유럽 영어권에서 오래된 구어^{句語} 'wheel'은 유랑극단의 임시 설치된
    'revolving stage(회전 무대)'를 뜻한다.

3   저자의 다른 책(『All There Is』, 『As It Is』, 『This Freedom』, 『Nothing but Everything』)
    에서 'Wholeness(전체성)'는 'Oneness(단일성)', 'Being(있음)', 'Presence(존재,
    현재)', 'Unique consciousness(단일 의식)', 'Enlightenment(깨달음)'를 가리킨다
    (pointing).

4   파라미터의 의미: $y^2 = 4cx$
    이 함수에서 C가 파라미터(상수: Constant)에 해당된다. 즉 C값에 따라(포물선을
    결정한다.) X(독립변수)와 Y(종속변수)가 결정된다. 수학에서는 매개변수라고
    하며 변하지 않는 상수이다.

5   전체성은 의식을 가리키며 의식은 단일성, 전일성, 비이원성, 존재, 이 순간을
    가리키는 임시적 언어이다.
    토니 파슨스, 『As It Is』(2000)

정황

Context

Enlightenment is absolutely beyond my effort to
change the way I live, or even of changing life at all.
It has to do with a total shift in the
realisation of what it is that lives.

깨달음이란 주어진 삶과 살아가는 방식을 바꾸려는
나의 노력과 전혀 상관이 없다는 사실이었다.
그것은 지금 나의 삶이 있는 그대로 실현된다는
관점의 이동과 관련 있다.

Context

When very young I had a sense of being in a magic world, outside of time and the need to have to become or do anything … an unrecognized oneness that enveloped me simply in the wonder of what is. I feel it is the same for most children.

Apparently one day all of that changed and I entered the world of separation and need. I found that I had a separate mother and father, a name, and an apparent choice to do this or that. I moved into the world of time and space, boundary and exploration, endeavour, manipulation, and the pursuit of pleasure and avoidance of pain.

I came to own these experiences and believed they were my natural way of being.

정황

아주 어렸을 때, 나는 마법의 세상에 살고 있는 느낌이었다. 시간 밖에 있는 마법 같은 느낌이었고, 해야 할 일이 아무것도 없었고, 어떤 사람이 될 필요도 없었다. 굳이 말하자면… 존재의 놀라움 안에서 나를 단순히 감싸고 있는 지각될 수 없는 '하나임'(=단일성)이었다.[1] 모든 어린 아이들도 그럴 것이다.

그러던 어느 날, 겉보기에 모든 것이 바뀌었고, 나는 분리와 필요의 세계로 빨려 들어갔다. 그때부터 나에게는 하나의 이름이 주어졌고, 나와 분리된 어머니와 아버지를 발견했으며, 이것 또는 저것을 할 것인지 분명하게 선택해야 했다. 나는 시간과 공간이 지배하는 세상으로 들어갔다. 그곳은 분리된 경계境界이며, 모든 경계를 철저히 조사하고 노력하며, 온갖 조작을 일삼고, 쾌락을 좇으며 고통을 회피하는 세계였다.

나는 이러한 경험들을 (나의 삶으로) 소유하게 되었고 그러한 경험적 삶이 나의 자연스러운 존재 방식이었다.

I was also taught and came to believe that if I worked hard, behaved myself and succeeded in my chosen or imposed job, got married, had children and looked after my health, I stood a good chance of being happy. I did all of this quite successfully, and enjoyed myself at times, but I also recognised that something intangible and fundamental seemed to be missing. A secret of some kind.

Consequently I apparently decided to seek out what was missing through religion.

Again I was told that if I worked hard and applied myself to various disciplines, rituals and purifications, I would eventually come to deserve "spiritual fulfillment". Again I completely involved myself in whatever seemed appropriate, but still could not discover the reason for my sense of bereavement.

One day, almost as if by accident, I rediscovered the secret, or perhaps it rediscovered me.

나는 열심히 일하고, 올바르게 행동하고, 내가 선택하거나 나에게 주어진 직업에 성공하고, 결혼해서 아이를 낳고, 건강까지 챙긴다면 행복을 손에 거머쥔다고 교육받았다. 나는 진짜로 그 말을 믿었다. 나는 이 모든 일들을 성공적으로 이루어냈고, 한때는 그러한 일감을 스스로 즐겼다. 그러나 무언가 뜬구름 잡는 듯했고, 근본 핵심을 놓친 느낌이었다. 어떤 비밀스러운 그것 말이다.

곧바로 나는 종교를 통해 내가 무엇을 놓쳤는지 그 숨겨진 비밀을 확실하게 찾아보기로 결정했다.

사람들은 나에게 거듭해서 충고했다. "너 자신에게 다양한 원칙을 확고히 세워라. 그다음 열심히 수행하고, 마음을 정화시키면 마침내 영적 성취를 얻을 충분한 자격이 생긴다." 이에 따라 나는 적절해 보이는 여러 수행에 몰두했다. 하지만 나의 깊은 상실감의 진짜 이유 는 찾을 수 없었다.

어느 날 거의 우연처럼, 나는 그 비밀을 다시 발견했다. 또는 그 비밀이 나를 다시 발견했을지도…

To explain what happened is quite impossible. The description that comes nearest to it is that of being overwhelmed with a love and a total comprehension that is absolutely beyond imagination.

The revelation that accompanied this rediscovery was so simple and yet so revolutionary, that it swept away in a stroke all that I had been taught or had come to believe.

Part of that realisation was that enlightenment is absolutely beyond my effort to change the way I live, or even of changing life at all. It has to do with a total shift in the realisation of what it is that lives.

For I am already that which I seek. Whatever I seek or think I want, however long the shopping list may be, all of my desires are only a reflection of my longing to come home. And home is oneness, home is the natural reality. It is simply what is. There is nowhere else I have to go, and nothing else I have to become.

무슨 일이 일어났는지 전혀 설명할 수 없다. 그것은 절대적으로 상상을 초월하는 사랑과 완전한 이해로써 모든 것을 압도했다. 이것이 표현할 수 있는 가장 가까운 언어이다.

이러한 재발견에 따른 드러남[2]은 매우 단순하면서 혁명적이어서, 내가 지금까지 배워왔고 믿어왔던 모든 관념을 단번에 휩쓸어 버렸다.

그러한 실현(實現, 자각)의 일부는 깨달음이란 주어진 삶과 살아가는 방식을 바꾸려는 나의 노력과 전혀 상관이 없다는 사실이었다. 그것은 지금 나의 삶이 있는 그대로 실현된다는 관점의 이동(현실現實이 실현實現 이라는 자각)과 관련 있다.

왜냐하면, 나는 이미 내가 찾아온 바로 그것이기 때문이다. 내가 무엇을 찾든지, 무엇을 원한다고 생각하든지, 내가 원하고 찾는 쇼핑목록이 아무리 길어도, 그것은 모두 집에 돌아가고 싶은 갈망의 되비춤이다. 그리고 집은 하나임(Oneness)이다. 집은 전체(Wholeness)이다. 집은 당연한 현실의 삶이다. 그것은 단순히 여기 존재함이다. 나는 더 이상 가야 할 곳이 없고, 다른 어떤 존재가 될 필요가 없다.

It is of course impossible to communicate in words the inexpressible, and so this declaration is my attempt to express my understanding of that revelation. I try to explain the way in which my beliefs about enlightenment, time, purpose and my effort to achieve spiritual fulfillment, can directly interrupt that oneness that is continuously and directly available. How the illusion of separation, fear, guilt and abstraction can distract me from the freedom that includes and transforms these influences.

물론 표현 불가능한 그것(실현)을 언어로 전달하는 일은 불가능하므로, 나의 선언은 단지 드러남(재발견)에 대한 이해를 표현하는 시도에 불과하다. 나는 지금부터 깨달음, 시간, 목표, 영적 성취를 위한 나의 노력에 대한 나의 굳은 신념이 어떻게 직접적이고 연속적인 '하나임'을 곧바로 방해하는지 설명하려 한다. 따라서 나는 분리分離라는 착각, 그리고 두려움, 죄책감과 추상적 관념 따위가 어떤 방식으로 나의 자유를 방해하는지 말할 것이다. 나의 자유는 그러한 방해들(분리착각, 두려움, 죄책감, 추상적 관념)조차 포함시키고 변환하여 사용할 수 있는데 말이다.

I also express in the best way I can how effortless and natural it is to apparently let go and be open to that freedom.

To see this work as an exhortation to lead a meditative life or to "be here now", would be to entirely miss the point.

This declaration speaks about a singular and revolutionary leap in perception about what we really are. It requires no embellishment or lengthy explanation and once realized leaves nothing more to be said.

For the sake of clarity, the terms *enlightenment, fulfillment, freedom, oneness,* and so on, are all seen here as being the same as what I call liberation.

나는 또한 (당신이) 그것(분리착각, 두려움, 죄책감, 추상적 관념)을 확실하게 놓아주고 그 자유에 열려 있는 상태가 얼마나 노력 없이 쉽고 자연스러운지 최선을 다해 표현할 것이다.

이러한 작업을 '명상적인 삶', 또는 "지금 여기에 존재하라."는 권장(구호) 따위로 본다면 핵심을 완전히 놓치게 된다.

이 선언(작업)은 "진짜 우리는 무엇인가."에 대한 인식의 단일하고 혁명적인 도약이다. 꾸미거나 장황한 설명 없이, 단 한 번이라도 이것을 알아차리면 더 이상 말이 필요 없다.

좀 더 명확히 말하면, 이 책에서 쓰인 깨달음, 완성, 자유, 하나임이란 용어들은 모두 내가 말하는 '해방'과 같은 뜻이다.[3]

옮긴이 주

1 여기서 하나임은 하나의 대상이 아니라, 둘이 아님(주관 객관이 없음)을 가리킨
   다. 개정판에는 '하나'라는 언어적 대상화를 피하기 위해 'Oneness(하나임)'를
   'Wholeness(전체성)'로 대신한다. 토니 파슨스, 『All There Is』

2 'Revelation'은 '(종교적) 계시'라는 뜻을 가지고 있지만, 저자는 스스로 밝혔듯
   특정한 종교적 베이스가 없다. 따라서 'Revelation'은 그의 다른 책 『As It
   Is』에서 밝히듯이 '계시'보다는 '드러남'에 가깝다.

3 신간 『This Freedom』(2020)에서는 'Oneness'가 'Wholeness'로 바뀌었다.

성취는 없다

No Achievement

Struggle in time does not invite liberation.
Life is not a task.
There is absolutely nothing to attain except the realization
that there is absolutely nothing to attain.

시간 속에서 벌이는 영적 노력으로는 해방될 수 없다.
인생은 풀어야 할 과제가 아니다.
얻을 것이 전혀 없다는 자각 외에는 깨달을 것이 아무것도 없다.

No Achievement

For me the first awakening to enlightenment, or of the nature of what is, is not something that can be expressed. What happened cannot even be called an experience, because the separate experiencer needed to be absent for it to emerge.

However, what accompanied that happening was a realization of such simple magnitude and revolutionary content that it left me awestruck and quite alone.

One of the things I came to see is that enlightenment only becomes available when it has been accepted that it cannot be achieved.

성취는 없다

처음 나에게 일어난 깨달음이나 존재의 본질에 대한 자각은 표현할 수 있는 어떤 것이 아니다. 일어난 그것(깨달음, 자각)은 하나의 경험이라고 부를 수도 없다. 그것이 드러나기 위해서는 분리된 경험자(개인)가 없어야 하기 때문이다.

그러나 그 사건에 따라, 단순한 절대성과 혁명적 자각(또는 실현)이 왔기에, 나는 경외감과 함께 완전한 외로움에 휩싸였다.

그때 내가 알게 된 것은, 깨달음은 (개인적으로) 성취될 수 없음을 받아들일 때 가능하다는 사실이다.

Doctrines, processes and progressive paths which seek enlightenment only exacerbate the problem they address by reinforcing the idea that the self can find something that it presumes it has lost. It is that very effort, that investment in self-identity that continuously recreates the illusion of separation from oneness. This is the veil that we believe exists. It is the dream of individuality.

It is like someone who imagines that they are in a deep hole in the earth, and in order to escape they dig deeper and deeper, throwing the earth behind them and covering up the light that is already there.

No amount of effort will ever persuade oneness to appear. The only likely effect of extreme effort to become that which I already am, is that eventually I will drop to the ground exhausted and let go.

깨달음을 찾는 교리, 과정, 단계적 경로는 그들(수행자)이 접근하는 문제를 악화시킬 따름이다. 왜냐하면 자신이 잃어버렸다고 추정하는 그것(깨달음)을 자아(에고)가 찾을 수 있다는 생각을 강화시키기 때문이다. 바로 이러한 (개인적) 노력이야말로 하나임에서 분리되었다는 착각을 끊임없이 재생산하는 자아 정체성에 대한 투자이다. 이것이 우리가 존재한다고 믿는 장막이다. 그것은 바로 개별성(개체성, 개성)이라 말하는 백일몽白日夢이다.

이러한 착각은 마치, 자신이 땅 속 깊은 홀에 빠졌다고 상상하며, 탈출하기 위해 점점 더 깊이 땅을 파내면서, 파낸 흙을 등 뒤로 던지며 이미 자신을 비추고 있는 빛을 가리는 행위와 같다.

아무리 노력해도 하나임을 드러나게 설복說伏시킬 수 없다. 이미 존재하는 내가 되기 위한 극한적 노력의 유일한 효과는 개인적 추구로 완전히 지쳐 쓰러진 나를 허용하는 결과이다.

In that letting go another possibility may arise. But the temptation to avoid freedom through the sanctification of struggle is very attractive.

Struggle in time does not invite liberation. Life is not a task. There is absolutely nothing to attain except the realization that there is absolutely nothing to attain.

그런 놓아버림 안에서 또 다른 가능성이 떠오른다. 그럼에도 나의 영적 투쟁을 신성화시켜 무상으로 주어진 자유(깨달음)를 회피하려는 유혹은 아주 매력적이다.

시간 속에서 벌이는 영적 노력으로는 (삶의 고통과 죽음의 족쇄에서) 해방될 수 없다. 인생은 풀어야 할 과제가 아니다. 얻을 것(깨달을 것)이 전혀 없다는 자각(自覺) 외에는 깨달을 것이 아무것도 없다.

깨달을 사람은 없다
No-one Becomes Enlightened

Essentially the realisation of enlightenment brings with it the sudden comprehension that there is no one and nothing to be enlightened. Enlightenment simply is.

본질적으로 깨달음의 실현이란, 원래 깨달을 것도 없고,
깨달을 사람도 없다는 이해가 단번에 직접 일어난 상태이다.
깨달음은 단순한 실존이다.

No-one Becomes Enlightened

I used to believe that people actually became enlightened, and that the event was similar to someone winning the jackpot in a national lottery. Once the prize had been won, the beneficiary would thereafter be guaranteed permanent bliss, infallibility and incorruptible goodness.

In my ignorance I thought these people had obtained and owned something that made them special and totally different from me. This illusory idea reinforced in me the belief that enlightenment was virtually unobtainable except for an extraordinary and chosen few. These misconceptions sprang from some image I held of how a state of perfection should look. I was not yet able to see that enlightenment has nothing to do with the idea of perfection. These beliefs were greatly strengthened when I compared my imagined inadequacies with the picture I held of whichever "spiritual hero" I happened to be attracted to at the time.

깨달을 사람은 없다

나는 어떤 사람이 실제로 깨달았고, 그 사건은 특정인의 국가공인 로또 당첨과 같다고 믿었다. 한 번 깨달은 자는 인생에 오류가 없으며 영원한 지복과 변치 않는 선함이 보장된다고 믿었다.

나는 (깨달음에 관한) 무지함 속에 있으면서, 깨달은 사람은 자신을 특별하게 만들어주는, (나와 완전히 다른) 뭔가를 얻은 다음 그것을 영원히 소유한다고 생각했다. 이러한 착각으로, 나에게 있어 깨달음 은 특별히 비범하고 선택된 소수를 제외하고는 도저히 얻을 수 없다는 믿음이 강화되었다. 이러한 잘못된 관념은 완벽한 상태란 어떻게 보여야 하는지에 대해 내가 붙잡은 이미지[상]로부터 비롯되었다. 당시 나는 깨달음은 완벽함과 아무 관련이 없다는 사실을 볼 수 없었다. 나는 내가 붙잡은 매력적인 영적 영웅과 나의 형편없는 이미 지를 비교하였고, 그 결과 그러한 믿음(망상)은 더욱 굳어졌다.

I feel that most people see enlightenment in a similar way.

Certainly there have been, and still are, many who seek to encourage such beliefs and who have actually claimed to have become enlightened.

I now see that this is as pointless a declaration as someone proclaiming to the world that they can breathe.

Essentially the realisation of enlightenment brings with it the sudden comprehension that there is no one and nothing to be enlightened. Enlightenment simply is. It cannot be owned, just as it cannot be achieved or won like some trophy. All and everything is oneness, and all that we do is get in its way by trying to find it.

나는 대부분 사람들이 깨달음(또는 해탈)을 그런 방식으로 본다고 느낀다.

확실히 그때나 지금이나 깨달음에 대한 잘못된 믿음을 상려하며, 실제로 그런 방식으로 깨달음을 얻었다고 주장하는 사람들이 많다.

이제 나는 이런 주장이, "나는 숨 쉬는 방법을 드디어 알아냈다!"고 소리치는 공식선언公式宣言처럼 부질없다고 생각한다.

본질적으로 깨달음의 실현이란, 원래 깨달을 것도 없고, 깨달을 사람도 없다는 이해가 단번에 직접 일어난 상태(돈오: 별안간 언뜻 깨달음)이다.[1] 깨달음(해탈)은 단순한 실존이다. 이토록 간단하며 늘 있는 현실이다. 깨달음은 트로피처럼 획득하거나 소유할 수 없다. 모든 사람들, 모든 존재물은 '하나임'이며, 우리가 애쓰는 모든 수행, 깨달음을 찾는 모든 노력은 깨달음을 방해할 뿐이다.

Those who make claims of enlightenment or take certain stances, have simply not realised its paradoxical nature and presume ownership of a state they imagine they have achieved. They are likely to have had a deep personal experience of some kind, but this bears absolutely no relationship to liberation. As a consequence they still remain locked into their own individualistic concepts based on their own particular belief systems.

Apparently these people often need to take on the role of "spiritual teachers" or "enlightened masters" and inevitably attract those who need to be students or disciples. Their teaching, still rooted in dualism, inevitably promotes a schism between the "teacher" and those who choose to follow the teaching. As the following increases so does the exclusive role of the master need to be enhanced.

깨달았다며 주장하거나 (깨달은 사람인 양) 특정한 자세를 취한 사람은, 자기주장의 모순과 자신이 성취했다고 상상하는 상태만을 소유하고 있음을 알지 못하고 있는 상태이다. 그들은 아마도 몇 가지 깊은 개인적 경험을 했을지 모르지만 깨달음과는 절대적으로 관계가 없다. 그(영적 경험) 결과, 그들은 자신의 특정 신념 체계를 바탕으로 만들어진 개인주의적 관념에 여전히 사로잡히게 된다.

이 사람들(개인적 경험을 바탕으로 깨달았다고 주장하는 사람들)은 피상적으로 '영적 교사' 또는 '깨달은 스승'의 역할을 맡으면서, 필연적으로 학생이나 제자가 되고 싶은 사람들을 끌어당긴다. 이러한 스승은 여전히 이원성에 뿌리를 둔 가르침으로 스승과 추종자 사이 분열²을 필연적으로 강화시킨다. 추종자들이 늘어남에 따라 '스승'의 독선적이며 배타적인 역할의 필요성도 동시에 강화된다.

One of the usual symptoms, when such a role has been adopted, is a clamp-down of any admission or sign of "human weakness". Together with this a distance is usually created between "master" and followers.

As the specialness of the "master" becomes more effective, and the demands of the followers become greater, so invariably do the teachings become more obscure and convoluted. As the obscurity of the teachings increases, so does the schism get wider and many of the followers often become more confused and submissive. The usual effect on those involved can be unquestioning adulation, disillusionment, or an awakening and moving on.

However, these kinds of influences have established and maintained an illusory sense of doubt and inadequacy in the collective unconscious about people's ability to realize and allow something that is as natural, simple and available as breathing.

이러한 (스승-제자) 역할이 채택되었을 때 나타나는 일반적인 증상 중의 하나는 '(스승의) 인간적 약점을 드러내거나 시인하는 행위'를 단속하는 것이다. 이에 따라 '스승'과 추종자들 사이의 거리는 점점 벌어진다.

'스승'의 특별함이 효과적으로 부각될수록, 추종자들의 기대감과 영적 요구는 더욱 커진다. 이에 맞추어 스승의 가르침도 더욱 모호해지고 복잡하게 뒤얽히게 된다. 가르침이 복잡하고 모호할수록 스승과 추종자의 사이는 더욱 벌어지고, 혼란스러운 추종자들은 스승에게 더욱 복종하게 된다. 이런 관계에 빠진 추종자들에게 나타나는 일반적인 영향이 있다. 그것은 스승에 대한 더욱 큰 숭배와 굽실거림[3] 또는 스승에 대한 환멸, 또는 눈치채고 다른 스승을 찾아 떠남이다.

그러한 가르침은 숨 쉬기 만큼 자연스럽고 단순하게 누릴 수 있는 '있음'을 허용하고 실현하는 능력을 이미 갖춘 추종자들에게 (깨달음에 대한) 집단 무의식적인 의심과 결핍감이라는 착각을 지속적으로 만들어 내고 있다.

Those who have fully comprehended and embraced enlightenment have absolutely nothing to sell. When they share this message, they have no need to embellish themselves, or what they share. Neither do they have any interest in being mothers, fathers or teachers.

Exclusivity breeds exclusion, but freedom is shared through friendship.

깨달음을 완전히 이해하고 껴안은(體得) 사람은 팔아야 할 것(내세울 것)이 전혀 없다. 그런 사람들이 이 메시지를 나눌 때는 그들 자신이나, 나누는 내용을 보기 좋게 꾸며낼 필요가 없다. 또한 그들은 어머니나 아버지, 또는 영적 스승 역할에도 관심이 없다.

배타성은 독점을 낳지만 자유는 우정으로 나눈다.

1 '돈오頓悟'는 타인의 도움이나 수행과정 없는 즉각적인 각성으로, 돈頓은 단번
  에 망상이 사라짐, 오悟는 얻을 것이 없음을 앎이라 하였다.

2 'schism'은 라틴어 'skei(칼로 자르다)'에서 유래하였다. 예) Great Schism(교회
  계급의 대 분열: 고린도서)

3 'adulation'은 14세기 후반 라틴어 'adulationem(열망하며 굽실거리다, 찬사하며
  꼬리치다, 무조건 숭배하다.)'에서 유래하였다.

시간

Time

As I experienced what had appeared to be the effect of time,

so did I come to believe in it.

As I believed in the existence of time,

so did I also come to believe in the limitation of my own existence.

시간의 영향력을 경험해 감에 따라 나는 시간이 확실히 존재한다고 믿게 되었다.

시간의 존재를 믿게 되면서 내 존재의 한계도 믿게 되었다.

Time

In my apparent separation I came to accept, without question, the existence and effect of time. Together with my belief in time I was inevitably married to the concept and experience of a beginning, a middle and an end ... a journey towards the realisation of a goal or conclusion.

This concept of journey applied at any level, be it doing well at school, creating a successful business, or realising enlightenment. It was all a path to becoming – a reaching out for a result in time.

시간

　나는 겉보기에 명백한 분리 속에서, 의심할 여지없이 시간의 존재와 영향을 받아들이게 되었다. 시간에 대한 믿음과 함께 시작, 중간, 끝이라는 개념과 시간 속 경험이 나와 필연적으로 결합되었다. 그러다 보니 목표나 결말의 실현實現으로 가는 여정도 시간관념에 묶여버렸다.

　시간적 여정이라는 관념은 학교생활이나 사업성공, 깨달음을 얻는 일… 모든 수준에 적용되었다. '시간'이란 제한된 기한 내에 어떤 목표에 도달하는, 즉 무엇이 되는 통로通路였다.

This message was etched most powerfully into my psyche by what appeared to be the process of birth and death. Such a mighty message reflected and reinforced the seeming irrefutability of time's existence, passage and effect. As I experienced what had appeared to be the effect of time, so did I come to believe in it. As I believed in the existence of time, so did I also come to believe in the limitation of my own existence. As I came to accept that limitation, so did I also come to believe that I needed to make use of the period given. I had to do something, achieve something, become something worthwhile during the time that I imagined remained. As a consequence the idea of purpose was born, and together with it my expectation and investment in what that purpose might bring.

이러한 메시지는 겉으로 볼 때, 확실히 탄생과 죽음으로 보이는 과정을 통해 나의 뇌리에 강력하게 새겨졌다. 이러한 압도적인 메시지는 반박 불가능하게 보이는 시간의 흐름과 그 영향, 즉 시간의 존재를 나에게 반영하며 강화시켰다. 시간의 영향력을 경험해 감에 따라 나는 시간이 확실히 존재한다고 믿게 되었다. 시간의 존재를 믿게 되면서 내 존재의 한계도 믿게 되었다. 내 존재의 한계를 받아들이면서 내게 주어진 제한된 시간의 활용으로 초조해졌다.

나는 남아있다고 상상한 시간 한도 내에서 무슨 일을 해야만 했고, 무엇을 성취해야 했고, 가치 있는 특별한 사람이 되어야만 했다. 이 모든 결과로 '인생의 목표'라는 관념이 탄생했다. 더불어 그 목표가 가져다줄지 모르는 기대와 투자도 시간 속에서 함께 투입했다. 나는 시간의 존재를 믿게 되면서 내 존재의 한계도 믿게 되었다.

기대와 목표

Expectation and Purpose

It seems to me that our attachment to purpose is born from our need to
prove something to ourselves. But life is simply life,
and is not trying to prove anything at all.
For life is its own purpose and doesn't need a reason to be.
That is its beauty.

목표 집착은 자신에게 무언가를 증명하려는 욕구에서 비롯되는 듯하다.
그러나 삶은 단지 삶일 뿐, 삶은 무엇도 증명하려 애쓰지 않는다.
삶은 삶 자체가 목적이며 존재 이유가 필요 없다. 곧 바로 삶 자체의 아름다움!

Expectation and Purpose

I became locked into the limitation of time and separation through the expectation I had about purpose. I have been in pursuit of a variety of goals and purposes in my life, including spiritual ones. Within the traditional religious ethic, I have come across a kaleidoscope of western and eastern doctrines and concepts which I believed at the time represented a rich tradition of authoritative wisdom.

As a consequence of what I saw as my spiritual lack, I decided I had to do something – belong to something, become something worthwhile. I had to find a model of reality which would satisfy my need to feel I was making some sort of progress toward some sort of goal.

I apparently decided to try to become a Christian.

기대와 목표

나는 목표에 대한 기대를 통하여 시간의 한계와 (시작 - 중간 - 끝) 분리에 갇혀버렸다. 나는 인생의 다양한 목표와 성취를 좇아 살아왔고, 그중에는 영석인 목표도 포함된다. 나는 오래된 종교 윤리로 살아오면서, 동서양의 풍부한 전통과 권위 있는 지혜를 대표하는 시대적 교리와 관념을 만화경처럼 두루 접해왔다.

하지만 결과적으로 나는 영적인 결핍감을 느꼈기에 무언가에 소속되고, 가치 있는 인간이 되기로 결심했다. 나는 (어떤 목표를 향한) 진보에 대한 나의 욕망을 만족시키는 현실모델을 찾아야만 했다.

나는 겉보기에 그리스도인이 되기로 결심한 듯했다.

Considering the information I had at the time, it seemed that this approach was appropriate. I had my western background, my knowledge of biblical history and tradition, the apparently unimpeachable truths, processes and rituals presented to me … original sin, prayer, confession, forgiveness, communion and purification, and the written and spoken word.

I felt I was doing my best with what at the time understood and sanctified, and what I anticipated and expected would give meaning to my spiritual life. If I tried harder, tomorrow would be better than today, another place would be better than this place.

I came to believe in the message of inadequacy which leads through repentance to a given grace, through which I would eventually be seen to deserve transition from a lower to a higher level of existence.

I now had the wherewithal I thought I needed to realize the purpose I believed would fulfill me.

그 당시 내가 가진 정보를 종합해 보면 이러한 (종교적) 접근이 나에게 적절해 보였다. 나는 서구적 배경을 가졌는데, 성경 역사와 전통지식, 의심할 여지없어 보이는 진리, 그리고 종교의례는 나에게 원죄와 기도, 고백과 용서, 성찬과 정화 그리고 기록된 말씀을 제공했다.

나는 당시 최선을 다한다고 느꼈으며, 교리를 이해하여 (내가) 거룩해지고, (종교적으로) 열망하고, 기대한 것이 나의 영적 삶에 의미를 부여할 것이라 여겼다. 내가 더 열심히 노력하면 '오늘보다 더 좋은 내일이 오고, 이곳보다 더 좋은 곳이 있겠지…' 하고 말이다.

나는 (신 앞에서는 모두 죄인이라는) 부족함의 메시지를 믿게 되었는데, 그것은 회개를 통해서만 주어지는 신의 은혜를 받고, 그 은혜를 통하여 내가 낮은 존재에서 더 높은 존재로 변환될 자격을 갖춘다는 메시지였다.

그 당시 나는, 나의 채워짐(구원)을 믿는 목적을 깨닫는 데 필요하다고 생각한 든든한 자산을 갖게 되었다.

I could solicit with prayer and negotiate through performance, whilst "God the Father" sat four-square in heaven and kept the accounts.

It seemed there was so much opportunity, so much knowledge, and so much time in which to give meaning to my life, for it to become something better – something worthy. And my purpose was married to my hope. For it was the hope of better things to come which inspired me to struggle and strive, resist and persist in order to strengthen my sense of direction. I could now make spiritual progress for myself, and help others to do the same.

하나님 아버지께서 네모난 천상에 앉아 (나의 행위를) 기록하는 동안, 나는 기도로 간청하고, 수행을 통해 나의 구원을 협상할 수 있었다.

그런 것들은 나의 인생에 의미를 주고 더 좋은 삶과 가치 있는 삶을 만드는 많은 기회, 많은 지식 그리고 많은 시간을 부여하는 듯했다. 내 인생 목표는 그러한 나의 희망과의 결혼이었다. 왜냐하면 나의 방향감각을 강화하기 위해 분투하고 애쓰고, (삶에) 저항을 지속하도록 영감을 준 것은 지금보다 (내 삶이) 더 좋아질 것이라는 희망이었기 때문이다. 그 당시 나는 스스로의 힘으로 영적 발전을 이루었고, 타인까지 내 방식을 따르도록 도울 수 있었다.

Purpose, hope and belief gave me the energy and the will to succeed. Purpose, hope and belief ... these revered and seemingly powerful values which are acknowledged by many as so worthwhile. But of course they also live in the shadow of confusion, hopelessness and doubt. At the time I had not reckoned on that side of things. Eventually and inevitably the swinging pendulum of endless encounters with expectation and disappointment, effort and inadequacy, apparent strength and weakness, all played their part in my awakening from this dream.

All of those communions and confessions, and all of those spiritual tasks seemed endless ... that greedy, bottomless, spiritual shopping basket that I would have to fill with prayer, abstinence, humility, worship and good deeds, and if I ever got to the bottom of that one I would have to fill another, probably beginning with obedience and chastity.

목표 그리고 희망과 믿음은 나에게 열정과 성공 의지를 주었다. (인생의) 목적, 희망, 믿음… 이런 것들은 대부분 사람들이 가치를 인정하는 존중받을 만하고 강력해 보이는 가치이다. 그러나 (이러한 가치를 지닌) 사람들 역시 혼란과 절망, 의심 안에서 살고 있다. 당시 나는 그런 어두운 측면을 생각하지 못했다. 결국 필연적으로 끊임없이 흔들리는 내 마음은 기대와 실망, 노력과 무능, 겉으로 보이는 나의 장단점과 충돌했고, 이 모든 혼란들은 나를 (이 세상) 잠에서 깨어나게 만들었다.

수많은 종교모임과 신앙고백… 모든 영적 과제는 끝이 없어 보였다. 그것은 기도, 금욕, 겸손 그리고 예배와 선행으로 채워야 하는 끝없이 탐욕스러운 밑 빠진 영적 쇼핑백이었고, 그 빠진 바닥은 복종과 순결로 또다시 채워야 했다.

I tried and I tried, but it all seemed so archaic and joyless in some way. The expectation that an already fearful and inadequate follower could, through the discipline of negation and worship, become anything other than a fearful and inadequate follower, seemed as futile as the idea of celibacy being a route to celebration and wholeness. I felt as though I was trying to bake a cake without any juice.

It seems to me that any attempt to translate the inexpressible into the doctrinal must inevitably end up as a misrepresentation … a contradictory idea about perfection which transforms the originator's subtle and beautiful song of freedom into an interminable dogma of limitation. When the bird has flown, the essence of its song is often mislaid and then all we are left with is an empty cage.

나는 노력했고 또 노력했지만 어떤 측면에서 너무 낡고 지루했고 아무런 기쁨도 없었다. 그러한 기대는 이미 두렵고 (죄인처럼) 결핍된 추종자가 자기부정과 숭배의 훈련을 통해서 또 다른 부적합한 추종자가 되는 방법이었다. 그것은 독신이 축하와 온전함에 이르는 유일한 길이라는 생각처럼 쓸데없어 보였다. 마치 반죽 없이 케이크를 굽는 느낌처럼 말이다.

표현할 수 없는 '그것'을 교리로 번역하려는 어떠한 시도들도 필연적으로 허위진술로 끝나게 된다. 창조주의 미묘하고 아름다운 자유의 노래를 종교적 한계의 도그마¹로 변형시킨다면 그 완벽함에 대한 모순이다. 새가 날아가면 그 노래의 본질은 잘못 전달되며 우리에게는 빈 새장만 남겨질 뿐이다.

I like the story of God and the Devil watching man as he discovered something beautiful in a desert.

"*Aha*" said God to the Devil, "*now that man has found truth you will have nothing to do*". "*On the contrary*" replied the Devil, "*I am going to help him organise it*".

Whenever or wherever there is organised religion, there also can most easily flourish a rich breeding ground for our worst fears, our darkest guilt, and our ugliest conflicts, person to person, nation to nation and faith to faith. Whether we hold a religious belief or not, these wounds can lie deep within us and invade every part of our experience.

It felt unnatural and limiting to support an ethic based on such a purgative "no" and carefully considered "yes" when I intuitively recognised that what I was looking for was absolutely beyond both. In these circumstances I moved on and investigated the world of contemporary therapy and spirituality.

나는 어떤 사람을 지켜보는 신과 악마 이야기를 좋아한다.

한 남자가 사막에서 아름다운 진리를 발견했다.

"아하!" 신이 악마에게 말했다.
"이제 그가 진리를 찾았으니 넌 이제 끝이야."

"정반대가 되겠지." 악마가 말했다.
"나는 그가 진리眞理를 교리教理로 바꾸도록 도울 거야."

어느 시대 어디에나 조직화된 종교가 있으며, 종교는 사람과 사람, 국가와 국가, 믿음과 다른 믿음 사이에서 우리의 두려움과 깊은 죄책감 그리고 추악한 갈등이 자라는 비옥한 토양이 될 수 있다. 종교적 신념을 붙잡고 있든 아니든, 이러한 상처는 자신 내면 깊은 곳에 있으며 우리 삶의 경험에 침투해 들어올 수 있다.

내가 찾고 있는 진리가 긍정과 부정 너머 있음을 직관으로 알아차렸을 때, 대부분 정화적인 '그건 안 돼!'와 어쩌다 허용적인 '그건 돼'에 기반한 종교윤리는 나에게 부자연스러운 한계로 느껴졌다. 이러한 상황에서 나는 이 시대에 부합되는 치유와 영성을 조사해 나아갔다.

These approaches to fulfillment seemed to me to be so much more intelligent and accepting than anything I had previously come across, the ideas so very open and liberating.

It was tremendously exciting to be offered the means whereby I could learn to uncover, heal and integrate those parts of my life which seemed to interfere with my relationships with people, creativity, health and wealth, and most importantly of all, my own sense of self-worth.

If all of us could do this, what a wonderful world it could become. It appealed to me, especially in contrast to the idea of having to shape myself to a way of life based on someone else's conceptual model of how I should be.

성취에 대한 나의 새로운 접근은 이전 방식보다 훨씬 더 지혜롭고 수용적으로 보였고, 이전 접근보다 개방적이고 해방적이었다.

인간관계, 창의성, 건강, 부유함, 무엇보다 중요한 나만의 가치를 방해하는 장애를 뛰어넘어 삶을 발견하고 통합하여 치유하는 방법은 나를 극한으로 흥분시켰다.

우리 모두 이렇게 될 수 있다면 세상이 얼마나 멋질까? 나와 대조적인 특별한 자가 제시하는 (어떻게 되어야 한다는) 관념적 롤 모델로 나를 새롭게 모양짓는다는 생각은 아주 매력적이었다.

There were so many interesting and new processes to choose from, and so many people to share with in what felt like a twentieth century spiritual adventure. It was fascinating to be involved in shocking and illuminating breakthroughs, the rush of emotions, the fear and excitement of revealing my innermost secrets, of truly surrendering to my guru, of discovering why I was so fascinated by and so frightened of women. Sharing in other people's agonies and revelations, past life memories, present assaults and future hopes and dreads, all was a revelation and a confirmation.

It was all so exciting, and it was all about me!

I involved myself in the deepest and most illuminating meditations, consumed the most recent and significant books, and of course threw myself with much enthusiasm into the latest therapies. They burst out of the ground like new fruits, to be sucked and digested, or tasted and thrown away ... this breathing method, that affirmation, this integration, that special and significant energy ... all had a fascination for me in those early days. If these activities were seen to be introspective or self-indulgent, then I had already recognised that, with one exception, all apparent choice is generated from self-motivation.

내가 선택할 흥미롭고 새로운 과정이 너무 많았고, 20세기 시대적 영적 모험을 함께할 사람도 많았다. 충격적이고 빛나는 돌파구, 감정의 쇄도, 가장 깊은 내면 속 비밀의 드러남에 대한 흥분과 두려움, 스승에게 진정으로 무릎 꿇음, 여성에 매혹되고 두려워하는 내 감정의 발견은 환상적이었다. 또한 인간의 고뇌와 묵시默示, 전생의 기억, 폭력적 현재, 미래의 희망과 두려움의 공유는 모두 계시이자 확증이었다.

나는 이 모든 것들에 열광했고, 전적으로 나에 관한 일이었다!
나는 가장 깊고 빛나는 명상에 참여했고, 최신의 심오한 영성 책에 빠져들었고, 최신 치유법에도 많은 열정을 쏟아부었다. 그것들은 새로운 과일처럼 땅에서 방금 솟아나왔고, 나는 그것들을 탐욕스럽게 빨아먹고 곧바로 던져버렸다. 이를테면 이런 호흡법, 저런 확언, 이런 통합, 저런 특별한 에너지… 나의 구도 초기에는 이런 것들이 모두 매력적이었다. 이러한 활동이 나의 내성적 성향이나 영적 방종이었음을 미리 알았다면, 한 가지 예외²를 제외하고 겉으로 볼 때, 모든 선택은 개인적 동기라는 사실을 알아차렸을 것이다.

The expression of feelings became sacrosanct together with the need to think positively, forgive my mother, heal my inner child, delve into my past, and so on. All of these things became vital and important processes to follow … rather like a modern-day Ten Commandments.

I spent a year doing an intensive residential course experiencing many key contemporary therapies mixed with eastern meditations.

After a while I settled on those therapies or methods I felt suited me and brought me most benefit.

I experienced considerable movement of previously held inhibitions, and came to recognize belief systems and patterns that had strongly influenced much of my early behaviour.

나의 모든 감정 표현은 긍정적으로 생각하고, 부모를 용서하고, 내면 아이를 치유하고 과거를 고찰하는 신성한 것이었다. 이 모든 것들은 현대판 십계명처럼 무조건 따르는, 내 삶의 유지에 필수 과정이었다.

나는 일 년 동안 집중 거주 과정³을 수강하며 동양 명상과 현대적 치유법이 혼합된 수많은 동시대적同時代的 치유법을 경험했다.

얼마 지나 나는 자신에게 적합하고 큰 유익을 가져다준다고 생각한 치유법에 정착定着했다.

나는 이전부터 나에게 고착된 심리적 억제 완화를 경험하며, 초기 행동에 강한 영향을 주었던 신념 체계의 패턴을 인식했다.

In much of the work done it appears that the strengthening and reinforcement of a sense of self-identity and self-worth is the primary aim. The theory seems to be that if I can embrace and assimilate these processes, then I can eventually emerge as a more alive, balanced and effective individual, with a clear idea about relationships and my part in the whole. All of that structure would need to be built on a powerful set of belief systems developed from considerable discipline and effort. But belief resides within the shadow of doubt. It only functions effectively in direct proportion to the suppression of the doubt that it seeks to override.

I began to see again that I was trying to repair and put together a set of parts in the hope that they might eventually come together to make a whole. But this approach directly contradicted my previous understanding that enlightenment lay beyond my efforts and expectations concerning self-identity and self-worth.

수많은 수행을 완료하면서, 나의 주된 (영적) 목표는 자아 정체성과 자존감을 강화하는 일이었다. 나의 이론은, 이러한 (영적) 과정을 수행하며 (수행과 나를) 동화시킬 수 있다면, 나는 균형 잡히고 생동감 있는 효율적인 개인으로 상승할 수 있다는 명확한 생각이었다. 전체 안에서 조화를 이루는 개인으로서 말이다. 그러한 모든 (수행)구조는 규율과 노력을 통한 강력한 신념 체계 위에 있어야 했다. 그러나 믿음은 언제나 의심의 그림자 속에서 살고 있다. 믿음은 애써 무시하려는 의심의 억제[4]에 정비례하여 효율적으로 기능한다.

그 당시 나는 부분을 모아 전체를 완성할 수 있다는 희망으로 나의 손상된 부분을 수리하고 조립하기 시작했다. 그러나 이러한 접근 방식은 깨달음은 자기 정체성과 자기 가치에 관한 나(개인적)의 기대와 노력 너머에 있다는 (내가 이미 알고 있던) 진실과 정면으로 위배되었다.

For those who seek change as individuals within the wheel of life, the contemporary therapeutic world offers tremendous scope and a much deeper and more accepting approach than anything that has gone before.

In my case the first glimpse of enlightenment, when in the park, directly followed my moving on from the religious path when I was about twenty one years old. Some few years after this I involved myself in the contemporary therapies, thinking that they could be a vehicle for communicating the deeper possibility.

But here again I had found myself occupied and fascinated by my expectations surrounding time, purposes and goals.

현시대적現時代的 치유 방식은 삶의 수레바퀴에서 개인의 변화를 원하는 사람들에게 구시대舊時代보다 넓은 시야와 깊은 접근 방식을 제공한다.

나는 스물한 살 때 공원에서 처음으로 일별一瞥[5]하였고 곧바로 종교적 길에서 벗어났다. 그로부터 몇 년 동안 나는 동시대적 치유법에 빠져들었고 그것이 더욱 깊은 가능성을 소통하는 이동 수단이라 생각했다.

그러나 여기서도 나는 시간과 목적, 성취를 둘러싼 (개인적) 기대에 사로잡혀 매혹돼버린 자신을 발견했다.

In the world of time, purposes and goals seem perfectly appropriate, but there is so much investment placed on the attachment and expectations that surround them ... becoming this, belonging to that, processes to change, or to be better, methods to purify, and so on. Important new people and places, masters of consciousness and teachers of truths spring up from everywhere and offer their own particular formula for living. And as we move from one formula to another we seem unable to see that freedom does not reside in one place or another simply because freedom, by its very nature, cannot be excluded or exclusive. We seem not to see that, as we march towards the next anticipated "spiritual" high, the treasure that we seek is to be discovered, not in where we are going, but within the simple nature of the very footsteps that we take. In our rush to find a better situation in time, we trample over the flower of beingness that presents itself in every moment.

시간의 세계에서는 목적과 성취가 완벽하게 짝을 이루지만 성취에 대한 집착과 노력을 너무 많이 투자한다. 이를테면 이것이 되고, 저것에 속하고, 변화되는 과정과 정화 방법들 말이다.[6] 새롭고 비범하게 보이는 사람들과 새로운 장소(영적 처소)가 소개되고, 의식의 마스터(대가)들과 진리의 교사들이 이곳저곳에서 튀어나와 자기만의 특별한 삶의 방식을 제시한다. 구도자들은 그들의 말을 따라 이 방법 저 방법으로 옮겨 다님으로써, 자유는 본질적으로 특정 장소에 있지 않다는 진실을 모르게 된다. 본질적으로 자유란 어떤 것에도 배제되거나 배타적이지 않다. 우리가 그토록 기대하는 영적 희열을 향해 행진할 때, 우리가 찾는 진리는 도달하는 목적지가 아니라 우리가 밟는 지금 발걸음의 단순한 본질에서 확인됨을 모르게 된다.[7] 결국 시간 속에서 더 나은 상황으로 서둘러 달려가다가 매 순간마다 나타나는 존재의 꽃을 짓밟는다.

It seems to me that our attachment to purpose is born from our need to prove something to ourselves. But life is simply life, and is not trying to prove anything at all. This springtime will not try to be better than last springtime, and neither will an ash tree try to become an oak.

By seeming to let go of our fascination with the extraordinary and spectacular, the simple wonder that lies within the ordinary can emerge.

For life is its own purpose and doesn't need a reason to be. That is its beauty.

목표 집착은 자신에게 무언가를 증명하려는 욕구에서 비롯되는 듯하다. 그러나 삶은 단지 삶일 뿐, 삶은 무엇도 증명하려 애쓰지 않는다. (당신이 맞이하는) 이번 봄은 지난봄보다 나아지려고 노력하지 않으며, 물푸레나무도 참나무가 되려고 애쓰지 않는다.

'비범하고 광대한 진리에 매료됨(이끌림)'을 놓아버리면 평범함 속에서 단순한 경이로움이 저절로 드러난다.

삶은 삶 자체가 목적이며 존재 이유가 필요 없다. 곧 바로 삶 자체의 아름다움!

옮긴이 주

1 도그마(dogma): 독단적인 신념이나 학설 또는 어떠한 비판이나 증명이 허용되지 않는 종교적 교리.

2 한 가지 예외란 앞으로 전개될 열린 비밀의 탐구를 암시한다.

3 집중 거주 과정이란 1950~1970년대에 유행한 서양의(특히 미국)의 유사 영성 거주형 모임을 말한다. 대표적인 예로 오쇼 라즈니쉬 자치공동체(코뮌), 재침례파 계통의 종교·문화 공동체인 아미시 집단과 몰몬교의 신앙공동체가 있다.

4 여기에서 억제란 수행자의 현실 도피적 회피기전을 말한다.
억제(suppression)는 당사자 스스로 특정 소망이나 충동을 (무의식적으로) 포기하는 심리기전이다. 억제의 목적은 에고의 방어이다.

5 일별一瞥: 언뜻 진리(깨달음)를 봄.
토니 파슨스는 이 책을 비롯한 다른 저서에서 일별을 진리나 깨달음으로 여기지 않고 일시적인 경험이라 말한다.

6 mordern(현대)과 contemporary(동시대)는 다르다.
1) mordern: 현대라는 특정 시간대를 명확하게 지칭.
2) contemporary: 현재를 기준으로 한 그 시대의 상대적, 일시적 시간대.
저자가 경험했던 동시대적 치유법(1960~1980)은 인도식 명상과 요가, 프로이트 자유연상법, 전생 채널링 등이 있다.

7 수처작주 입처개진(隨處作主 立處皆眞)
"어떤 곳에 서 있든 참되며, 지금 발붙인 곳이 진리이다." - 임제 선사

공원

The Park

The divine instinct is continuously available.
It is always at hand, in an eternal state of readiness …
like the constant and faithful lover it is ready to respond to our every call.

이 신성한 본능은 무제한적으로 공급된다.
이 보물은 언제든 사용가능하며, 영원히 준비되어 있다. …
우리의 모든 부름에 언제든 응답할 준비가 되어 있는 충실한 연인₩⁵처럼.

The Park

One day I was walking across a park in a suburb of London. I noticed as I walked that my mind was totally occupied with expectations about future events that might or might not happen. I seemed to choose to let go of these projections and simply be with my walking. I noticed that each footstep was totally unique in feel and pressure, and that it was there one moment and gone the next, never to be repeated in the same way ever again.

As all of this was happening there was a transition from me watching my walking to simply the presence of walking. What happened then is simply beyond description. I can only inadequately say in words that total stillness seemed to descend over everything. All and everything became timeless and I no longer existed. I vanished and there was no longer an experiencer.

공원

어느 날 나는 런던 교외의 공원을 가로지르고 있었다. 걸어가면서, 나는 예상할 수 없는 다가오는 사건들에 대한 기대로 마음이 완전히 사로잡혀 있음을 감지했다. 당시 나는 이러한 마음의 투사를 지나가도록 허용하고 단순히 걷는 쪽을 선택한 듯했다. 나는 각각의 발자국 느낌과 압력이 완전히 독특하며, 그 발걸음은 한순간 머물다 다음 순간 사라지고, 다시는 같은 느낌이 결코 반복되지 않음을 알아차렸다.

그러는 동안 '발걸음 지켜봄'에서, 단순히 '발걸음 현존'으로 변환이 일어났다. 그때 무엇이 일어났는지 말로 표현할 수 없다. '모든 것 위로 완전한 고요함이 내려앉는 듯했다'고 부적절하게 표현할 따름이다. 모든 사람, 모든 사물에 시간이 없어졌고, 나도 더 이상 없었다. 나는 보이지 않았으며 그런 경험자조차 없었다.

Oneness with all and everything was what happened. I can't say I was at one because I had disappeared. I can only say that oneness with all and everything was what happened, and an overwhelming love filled every part. Together with this there came a total comprehension of the whole. All of this happened in a timeless flash which seemed eternal.

Contained within and directly following this happening occurred a revelation so magnificent and revolutionary in its nature that I had to sit down on the grass in order to take in its consequence. What I saw was simple and obvious in one way but completely untranslatable in another. It was as if I had been given an answer that had no question. I had been shown a secret that is an open secret; and that all and everything that is known or unknown contains and reflects this open secret. Nature, people, birth and death, and our struggles, our fears and our desires are all contained within and reflect unconditional love.

모든 사람과 모든 것의 하나임이 일어났다. 그때 "나는 하나임에 있었다."고 말할 수 없다. 왜냐하면 그 전에 '나'가 사라졌기 때문에… 이와 함께 전체에 대한 완전한 이해가 왔다. 나는 단지 이와 같이 말할 수 있다. "모든 사람과 모든 것의 하나임이 일어났으며, 모든 곳에 압도적인 사랑이 가득 찼다." 이 모든 일은 영원으로 보이는 무시간적 섬광 속에서 일어났다.

이 사건의 내용은 본질적으로 거대하고 혁명적인 드러남이었기에 그 결과를 받아들이기 위해 나는 잠시 잔디 위에 앉아 있어야 했다. 내가 본 것은 어떤 식이든 단순 명료했지만, 한편 전혀 해석 불가능하다. 마치 의문의 여지가 없는 대답이 (이미) 나에게 주어져온 듯했다. 나는 공개된 비밀이라는 비밀에 일찍이 노출되어 왔던 상태였다. 알려졌거나 알려지지 않은 모든 사람, 모든 사물은 이 공개된 비밀을 포함하고 되비춘다. 자연, 사람, 탄생과 죽음, 우리의 투쟁, 두려움과 욕망 모두 조건 없는 사랑 안에 있으며 (동시에) 그 사랑을 되비추고 있다.

I felt I had been suddenly overtaken and everything took on a new sense. I looked at grass, trees, dogs and people, moving as before, but now I not only recognised their essence but I was their essence, as they were mine. It was in another way as if everything, including me, was enveloped in a deep and all-encompassing love, and in a strange way it seemed that what I saw was also somehow nothing special … it is the norm that is not usually perceived.

Why me and why now? How could I have deserved to receive such a gift for nothing in return? I was certainly not pure in the biblical sense, or in any other recognised sense, or so my mind told me. I had not lived a disciplined life of meditation or of spiritual dedication of any kind. This illumination had occurred without any effort on my part! I had apparently chosen to watch my walking in a very easy and natural way, and then this treasure had emerged.

나는 갑자기 그것(공개된 비밀)에 추월당하고 모든 것이 새로운 의미를 갖게 된 느낌이었다. 예전처럼 움직이는 풀잎, 나무와 개 그리고 사람들을 보았지만 이제는 그들의 본질만 인식한 상태가 아니라 마치 그들이 내 것인 양(또는 나인 양) 내가 그들의 본질이었다. 마치 나를 포함한 모든 것이 모든 것들을 포용하는 사랑에 둘러싸여 있고, 이상하게도 내가 본 그것(영적 체험과 공개된 비밀)은 어쩐지 특별하지 않은 듯했다. … 물론 평소라면 감지되지 않는 표준이다. (보통의 경우 진리로 감지되지 않는 평소의식²이다.)

왜 나일까? 왜 지금이야? 어떻게 내가 아무 대가 없이 이런 선물을 받을 자격이 있지? 나는 확실히 성경적 의미나 다른 인식적인(영적인) 측면에서도 순수하지 않았으며, 나의 내면도 그렇게 말하고 있었다. 나는 어떤 종류의 명상은 물론 헌신적인 영적 규범을 지키며 살아본 적도 없었다. 이 눈부신 빛(드러남, 깨달음)은 전적으로 나의 노력 없이 일어났다! 겉보기에 나는 쉽고 자연스러운 방식으로 내 발걸음을 지켜보기 위해 선택받은 듯했고, 곧이어 이 보물이 드러났다.

I also came to recognise that this apparent gift had always been available and always would be. That was the most wonderful realisation of all! That utterly regardless of where, when or how I was, this presence was ready to emerge and embrace me. And this treasure was to be rediscovered not through arduous and seemingly significant spiritual practices and rituals. Not at all. This wonderful all-encompassing treasure was available within the essence of a footstep, in the sound of a tractor, in the sitting of a cat, in feelings of pain and rejection, on a mountaintop, or in the middle of Balham High Street. Anywhere and everywhere I am totally surrounded and embraced in stillness, unconditional love and oneness.

Later on I began to wonder how this treasure could be retained. But I have again and again come to see that what I had sought to rediscover can never be achieved or contained. There is nothing I have to do, and the very belief that I have to do anything to deserve this treasure, interrupts its inherent quality.

또한 이 명확한 선물이 이전에도 나에게 주어졌고 앞으로도 항상 나와 할 것임을 재인식(확인)했다. 바로 이것(이미 항상 함)이 가장 놀라운 실현實現이었다! 내가 언제, 어디서, 어떠했는지, 전혀 상관없이 이 본질적 '있음'은 스스로 드러나 언제든 나를 껴안을 준비가 되어 있었다. 그리고 이 보물은 어렵고 심대心大한 영적 수행과 (종교)의례를 통해서가 아니라, 단지 그냥 재발견(재확인)되었다. 나의 생각과는 전혀 달랐다. 모든 것을 포괄하는 이 경이로운 보물은 발걸음(발소리)의 본질에서, 트랙터 소음 속에서, 고양이가 앉아있음 속에서, 고통과 거절의 감정 속에서, 산꼭대기에서, 발햄Balham 중심가 한복판에서 발견되고 작용하고 있었다. 어느 곳, 그리고 모든 곳에서 나는 고요함 속에서, 무조건적 사랑과 하나임에 완전히 둘러싸여 포용되어 있었다.

그 후 나는 이 보물(대대로 내려오는 유산)을 어떻게 계속 간직할 수 있는지 궁금해졌다. 그럼에도 나는 내가 재발견하려고 노력한 것이 결코 성취되거나 보관될 수 없다는 사실을 거듭해 알아차렸다. 내가 이것을 계속 누리기 위해 해야 할 일은 아무것도 없으며, 이 보물을 받을 자격을 얻기 위해 무엇이든 노력해야 한다는 바로 그 믿음(관념) 이 보물의 고유한 (무상으로 주어진) 본질을 방해한다.

And this is again the paradox, for the divine instinct is continuously available. It is always at hand, in an eternal state of readiness ... like the constant and faithful lover it is ready to respond to our every call.

When I allow it, it is, when I avoid it, it is.

It requires no effort, demands no standards and holds no preferences.

Being timeless it sees no path to tread, no debt to pay. Because it acknowledges no right or wrong, neither does it recognise judgement or guilt. Its love is absolutely unconditional. It simply watches with clarity, compassion and delight as I move out for my return.

또 다시 역설인데, 이 신성한 본능은 무제한적으로 공급된다. 이 보물은 언제든 사용 가능하며, 영원히 준비되어 있다. … 우리의 모든 부름에 언제든 응답할 준비가 되어 있는 충실한 연인戀人처럼.

(그것은 항상 그대로 있다.) 내가 그것을 허용할 때 그것은 있고, 내가 그것을 회피할 때도 그것은 그대로 있다.

그것은 노력을 요구하지 않고, 기준도 필요하지 않으며, 어떤 선호도 없다.

그것은 시간을 벗어나 있으므로 밟을 길이 없고, 갚을 빚도 없다. 그것은 옳고 그름을 인정하지 않기에 어떠한 판단이나 죄도 인식하지 않는다. 그것(있음)의 사랑은 절대적으로 무조건적이다. 내가 다시 (이것으로) 돌아오기 위해서 잠시 밖으로 나가 있는 동안에도 이것은 단지 자명自明함과 동정심 그리고 넘치는 기쁨으로 지켜볼 뿐이다.

옮긴이 주

1   투사(projection)는 자신이 타인에 대한 욕망을 갖고 있으면서, 오히려 타인이
    자신에게 그런 감정을 갖고 있다고 지각하는 자아(에고)의 방어기제이다.
    여기서 '투사를 허용하다'는 사물을 지각이나 판단 없이 바라보는 상태를
    말한다.

2   문법적으로는 두 가지로 해석이 가능하지만 여기서는 자각된 평소의식이라
    는 뜻으로 쓰였다.
    토니 파슨스, 『All There Is』(2020)

선택 없는 선택

The Choiceless Choice

In being I see that I have never chosen or done anything,
but have only been lived through.

'있음' 안에서 나는 어떤 것도 선택한 적이 없고 어떤 일도 행한 적이 없으며,
단지 이것을 통하여 살아왔음을 안다.

The Choiceless Choice

In being I see that I have never chosen or done anything,
but have only been lived through.

And so I have never stopped the sea or moved the sun or
taken one step nearer or further away from that which is already
everything.

In accepting my divine helplessness I enjoy the freedom of
never having a past or future I could call my own.

Some people ask, "Who chooses, who directs this wonderful
chaos?" But once in the arms of the beloved nothing matters,
and I can live as though I choose and rejoice in the letting go.

선택 없는 선택

'있음' 안에서 나는 어떤 것도 선택한 적이 없고 어떤 일도 행한 적이 없으며, 단지 이것(있음)을 통하여 살아왔음을 안다.

따라서 나는 바다를 멈추거나 태양을 움직이지 않았고, 이미 모든 것인 '있음'으로부터 한 걸음도 가까이 가거나 떨어진 적이 없다.

신성한 무력함을 받아들인 상태로, 나는 내 것이라고 부를 만한 과거와 미래를 전혀 소유하지 않은 자유를 즐긴다.

어떤 사람들은 나에게 묻는다. "누가 이 경이로운 혼돈을 선택하고 지휘하는가?" 그러나 일단 그 사랑의 팔에 안기면 아무것도 문제될 것 없고, 마치 내가 놓아버리면서 선택하고 또다시 기뻐하는 듯 살 수 있다.

옮긴이 주

1 저자는 카오스(chaos)를 두 가지 뜻으로 사용한다.
  1) 그리스어(khaos)로 '입을 크게 벌림', 거대한 텅 빈 공후.
  2) 사물의 구분이 확실하지 않음, 만물의 생성 근원이 나누어져 있지 않은
     상태들이 합쳐져 구별되지 않은 역동적[創造的] 상태.

나의 세계

My World

In reality we are surrounded by and embraced in unconditional love,
whether we respond to it or not.
Our experience in time sets up a perfectly appropriate manifestation.

현실 삶에서 우리가 그것에 응답하든지 하지 않든지
우리는 무조건적인 사랑에 둘러싸여 안겨 있다.
시간의 세계 속에서 우리의 경험은 완벽하게 적합한 완료적 현상이다.

My World

In what I experience as my world everything is totally unique for me. No-one else can know my experience of the colour red, my taste of tea, my feelings of fear and happiness, of walking, of dreaming, or of waking.

In time my experiences largely shape my beliefs, and apparently what I believe I again come to experience. It is the interplay of these two compatriots that seem to influence my life story, moment by moment, day by day, and so on.

At this level of existence I appear to be the producer, script-writer, director of cast, script and music, in a film called "My Story".

When I look back at my life as openly as possible, I see how I have apparently attracted to me the people, the events and the patterns that have been perfectly appropriate to the kinds of influences and images that my particular belief systems have been broadcasting.

나의 세계

나의 세계로써 경험하는 모든 것들은 나에게만 완전히 독특하다. 세상 그 누구도 내가 경험하는 빨간색, 내가 마시는 차의 맛을 알지 못하고, 나의 두려움과 행복한 느낌, 발걸음 느낌, 나의 꿈꾸는 느낌, 또는 깨어있는 (일상의) 느낌을 알지 못한다.

시간의 세계 속에서, 나의 경험은 내 믿음을 크게 만들고 겉보기에 내가 믿는 것들이 반복해서 경험되는 듯 보인다. 이러한 믿음과 경험이 서로 작용하여 순간순간, 매일매일 내 삶의 스토리에 영향을 준다.

이런 식의 존재 수준으로 보면, 나라는 인물은 'My Story'라 불리는 영화에서 시나리오 작가이면서, 제작, 배우 캐스팅, 대본과 음악 감독으로 등장한다.

내 삶을 가능한 솔직히 되돌아보면, 겉으로 볼 때 나만의 특정한 신념 체계가 전파시켜 온 영향과 이미지에 완벽하게 딱 맞는 사람과 사건 그리고 행동양식이 어떻게 나에게로 끌려 들어왔는지 알게 된다.

Many people have become very excited about this concept and have suggested and taught that if we can change our thought patterns and our belief systems, then we can change the way we experience life. It seems this could be so, but they also entirely miss the point. For what we really are is beyond the limitation of experience and belief.

Until I have rediscovered what I am, what kind of existence am I trying to create? From where do I see clearly that what I think I want is what I really need? Will my idea of what I should create be better than yours, or will our individual visions clash? That appears to be the recurring pattern.

What is possibly not realised by those who would pursue this concept is that beyond all of our wishes and desires to create what we think we want, there is a hidden agenda ... another and much more powerful principle of unconditional love that is continuously functioning, entirely inherent but usually unrecognized. It is the very core of the living paradox.

많은 사람들이 이 개념에 매우 열광하는데, 만일 우리가 자신의 사고 패턴과 신념 체계를 바꾼다면 우리가 삶을 경험하는 방식 역시 바꿀 수 있다고 제안받고 교육받아왔다. 그럴싸해 보이지만 핵심이 완전히 빗나갔다.[1] 왜냐하면 우리의 실존實存[2]은 경험과 믿음의 한계를 뛰어넘기 때문이다.

나의 본성을 재발견(확인)하기까지 나는 어떤 종류의 (나라는) 존재를 창조하려고 시도해왔을까? 내가 원한다고 생각하는 것이 정말 나에게 필요한지 어떤 근거로 어떻게 알 수 있을까? 내가 창조해야 하는 것에 대한 나의 생각이 당신보다 나을까? 아니면 우리 각자의 비전이 충돌할까? 이것은 반복적인 관념적 패턴으로 보인다.

이러한 (개인적) 관념을 따르는 사람들이 미처 깨닫지 못하는 사실이 있다. 그것은 우리가 원한다고 생각하는 것을 창조하려는 모든 바람과 욕망 너머에 숨겨진 의제이다. 그것은 지속적으로 작용 중이며 (본래 타고났지만) 평소 인식되지 않는 가장 강력한 원칙이다. 그것은 바로 무조건적인 사랑이다. 이것이 바로 살아있는 역설의 핵심이다.

All of existence as we know it, within the limitations of time, is only a reflection of that hidden principle which is continuously inviting us to remember what we really are. Within that reflection there is no right or wrong, better or worse, but only the invitation.

For whilst we remain locked within the experience of being separate individuals having to negotiate with existence, we remain in a state of dreaming.

In that dream state, all that we do is governed by the law of opposites in which all that is seen as positive is exactly and equally balanced by its opposite. Through deep reflection we come to discover that we are on a wheel in which everything repeats itself over and over again in differing images. What we apparently create we destroy and what we apparently destroy we recreate again.

그렇다면 우리가 (이름과 모양으로) 알고 있다고 생각하는, 시간의 한계 속에 있는 모든 (일시적) 존재는 도대체 무엇일까? 그것은 진정한 자신[本性]을 기억해 낼 수 있도록 우리를 끊임없이 초대하고 있는 숨겨진 원리를 되비추는 빛이다. (숨겨진 원리의 반사이다.)[3] 그 되비침에는 옳고 그름, 더 좋고 더 나쁨이 없으며 오직 (빛의) 초대만 있을 뿐이다.

왜냐하면 우리가 존재와 협상해야 하는 분리된 개인이라는 경험에 갇혀 있는 동안, 우리는 꿈꾸는 상태이기 때문이다.

그러한 꿈꾸는 상태에서는, 우리가 하는 모든 행위는 반대의 법칙[4] 이 지배한다. 즉, 긍정적으로 보이는 행위가 그 정반대로 정확히 상쇄되어 균형을 이룬다. 깊은 성찰을 통해, 우리는 모든 것(사람과 사물)이 서로 이미지만 바뀌며 저절로 반복해서 나타나는 회전무대 위에 서 있음을 알게 된다. 겉보기에 우리가 창조한 것을 파괴하고, 외관상 파괴한 것을 다시 창조한다.

And despite what we might believe about free will and choice, we come to see that we are dreamed characters in a divine play reacting and responding from a set of conditioned reflexes and belief systems. All of our dream world that we see as progressive comes within the parameters of this perfectly balanced and exactly neutral state which serves only to reflect another possibility.

We are the dreamers in this dream which has absolutely no purpose other than our awakening from it.

In reality we are surrounded by and embraced in unconditional love, whether we respond to it or not. Our experience in time sets up a perfectly appropriate manifestation, exactly suited in its grand happenings and tiny nuances, to the particular and unique needs of our re-awakening.

그리고 자유 의지와 선택에 대하여 우리가 무엇을 믿는지와 상관없이, 우리는 조건화된 반사와 신념 체계에 반응하는 신성한 연극 속에서 꿈꾸게 되는 등장인물임을 알게 된다. 우리가 진행한다고 생각하는 꿈의 세계는 모두 또 다른 가능성을 비추는, 완벽하게 균형을 이루는 중립적 상태의 매개변수(parameter) 안에서 작동된다.

우리는 이 현실의 꿈속에서 꿈꾸는 자들이며, 꿈에서 깨어나는 일 외에는 다른 목적이 전혀 없다.

현실 삶에서 우리가 그것에 응답하든지 하지 않든지 우리는 무조건적인 사랑에 둘러싸여 안겨 있다.[5] 시간의 세계 속에서 우리의 경험은 완벽하게 적합한 완료적 현상[6]이다. 커다란 사건이든 작은 성가신 사건이든, 우리가 다시 깨어나기 위해 필요한 독특한 요구에 정확히 들어맞는 현상까지 모두 짜맞추어져 있다.

And however significant or insignificant we think our activities are, however talented, artistic, useful, ordinary or fruitless we may feel our expression in the world appears to be, all of this is simply and only a function of that hidden principle.

A totally appropriate reflection providing the never-ending opportunity to enter into and beyond all phenomena and rediscover the source of its emanation.

이 현상계(現象界: 감각으로 느끼거나 경험할 수 있는 표상의 세계)에서 우리의 활동을 아무리 중요하거나 하찮게 생각하든, 아무리 재능이 있거나, 예술적이거나, 유용하거나, 평범하거나, 무익하다고 생각하든지, 이 모든 것은 단순하고 단지 숨겨진 원리의 작용일 뿐이다.

완전히 적절한 되비침은 모든 현상 너머 그 발산의 근원을 재발견하는 끝없는 기회를 제공한다.

옮긴이 주

1 저자는 『As It Is』(2000)를 포함한 여러 인터뷰에서 끌어당김의 법칙(뉴에이지 영성)을 정면으로 부정한다.
  아브라함 힉스(끌어당김의 법칙)나 론다 번(시크릿)은 자신의 의지로 생생히 꿈꾸면 목표가 이루어진다고 주장하지만, 저자는 개별 의지를 가진 개인은 없기에 끌어당기는 자도 없고, 꿈을 꾸는 자도, 깨어난 자도 없다 말한다.

2 실존(實存, what really are): (인간이나 사물이) 인식이나 관념과 관계없이 독립해서 존재함.

3 되비춤, 반사(reflection): 여기서 reflection은 반영(反影, 반사된 그림자)이 아니다. 반영이라면 빛이라는 대상(주체)이 있고 빛을 받는 대상(객체)이 있어야 한다. 하지만 저자는 그의 다른 저서 및 인터뷰에서 reflection을 주체와 객체가 따로 없는(둘이 아닌) '직접(동시적) 되비춤'이라고 말한다.

4 반대의 법칙(law of opposite): 모든 행위에는 동일한 반대의 힘이 작용하므로 원점(zero sum)으로 돌아오는 중도中道적 균형 법칙을 가리킨다. 예를 들면,
  힌두교: 브라흐마(창조)와 시바(파괴)의 균형(비슈누)
  불교: 색즉시공色卽是空, 여래여거如來如去의 균형(연기법)
  기독교: 선악과善惡果와 생명나무의 균형(하나님)
  주역: 물극필반物極必反, 극에 도달하면 반대 힘(균형)이 작용
  양자역학: 파동과 입자의 동시성(균형)

5 '그것'은 Advaita(둘이 아님), Wholeness(전체), Oneness(하나임), Being(있음) Uni-consciousness(단일 의식), Presence(현재, 존재), Moment(이 순간)를 가리킨다. (그렇다고 해서 단 하나의 대상을 가리키는 것은 아니다.)
  토니 파슨스, 『This Freedom』, p. 25 참조

6 완료적 현상(manifestation): 현재 완료적 인과로 드러난 현상을 표현하는 단어로, 토니 파슨스의 여러 책에서 자주 쓰인다.
  『This Freedom』(2020), 얀 케르쇼트의 『This Is It』(2004) 인터뷰 참조.

7 발산(emanation): 추상적이지만 우리가 인식할 수 있는 것, 그것의 출처에서 발생하거나 출처에서 비롯된 것.

몸과 마음의 죽음

The Death of the Mind/Body

For we are already the ocean, the waves,
the darkness and the light, the nothing and the everything.

우리는 이미 파도이자 바다이며, 어둠이자 빛이고,
아무것도 아닌 모든 것이기에.

The Death of the Mind/Body

The death of the mind/body is only the ending of the illusion of separation.

The awakening to unconditional love is immediate. We are enveloped in our original nature regardless of anything that apparently happened.

When the body/mind is dropped there is no intermediary process of preparation or purification. How can there be? Who was there? All ideas of a personal "after life" or re-incarnation are merely the mind wishing to preserve the illusion of its continuity.

몸과 마음의 죽음

몸과 마음[1]의 죽음은 단지 '분리착각'[2]의 종말이다.

무조건적인 사랑에 대한 각성은 즉각적이다. 우리는 겉보기에 어떤 일이 일어났든 상관없이 처음부터 본성에 둘러싸여 있다.[3]

몸과 마음이 (의식에서) 떨어져 나갈 때 준비나 정화淨化 같은 중간 과정이 없다. 어떻게 있을 수 있는가? 거기(삶)에 누가(개인이) 있었는가? 개인적 사후세계나 환생에 대한 모든 생각은 단지 '개체(에고)의 연속'이라는 착각을 유지하려는 마음일 뿐이다.

The parable is over. The divine novel has been written and, regardless of how the mind might judge, not one jot could have been different.

The scenery evaporates and the characters have left the stage … their apparent existence begins and ends with the dream that has been played out.

And yet, nothing has happened. For we are already the ocean, the waves, the darkness and the light, the nothing and the everything.

우화寓話는 끝났다. 신성한 소설은 쓰여졌고, 마음이 어떻게 판단하든 달라질 것은 애당초 한 점도 없었다.

무대 배경은 철거됐고 배우들은 무대를 떠났다. … 겉으로 보이는 그들의 존재는 펼쳐진 꿈에서 시작되고 끝나버렸다.

그런데 아직도, 무대에는 아무 일도 일어나지 않았다. 우리는 이미 파도이자 바다이며, 어둠이자 빛이고, 아무것도 아닌 모든 것이기에.

옮긴이 주

1 영성 분야 관련 영어권에서, 마음(Mind)은 동양의 마음(心)과 다소 다르게
   쓰인다. 힌두나 불교에서 마음은 모든 것이 일어나고 사라지는 '바탕(一心)'을
   주로 가리킨다면, 영어권에서의 마음은 '이랬다저랬다' 생멸生滅하는 에고적
   감정(monkey mind)을 주로 가리킨다.

2 저자는 착각, 망상, 환상을 비교적 엄격히 구분한다.

   1) 착각(illusion): B를 A로 잘못 봄(대상이 있을 때)

   2) 망상(delusion): A에 대한 잘못된 믿음(대상이 있을 때)

   3) 환상/환영(hallucination): 없는 대상을 A로 봄(대상이 없을 때)

3 본성(original nature)은 저자의 책에 자주 언급되는 단어(가리킴)이다. "우리는
   시간과 공간이 필요 없이 바로 눈앞에 펼쳐진 본성에 둘러싸여 있다. 그것은
   너무 가까워서 볼 수도 만질 수도 없이 주체와 대상이 하나인 고유한 original
   nature이다." 토니 파슨스, 『As It Is』(2000) 참조.

추상

Abstraction

There is nothing that I can control or manipulate.
It is immeasurable and unknown, being and then not being.

내가 통제하거나 내 의지로 조작할 수 있는 것은 전혀 없다.
그것은 헤아릴 수 없고 알 수 없으며, 존재하면서 존재하지 않는 모든 것이다.

Abstraction

I have been fascinated and waylaid by abstraction, painting the picture I would rather have in preference to living the experience I would rather not have.

What I abstract never comes to be, or only sometimes flickers into life like a watered-down approximation.

My abstraction is a smoke-screen born from longing or frustration, and it offers me a holiday of dreams. It is always safe, predictable, and an indulgence in the known.

추상

    나는 (관념적) 추상^{抽象 1}에 매혹되어 오면서 길을 잃었다. 나는 내가 갖고 싶지 않은 경험보다(살아있는 경험보다) 내가 좋아하는 그림을 그리며 살아왔다.

    내가 추상한 것은 결코 존재하지 않거나, 때로는 물에 희석된 경험의 근사치²처럼 삶 속으로 깜빡일 뿐이다.

    나의 관념적 추상은 끝없는 욕망이나 좌절로부터 나온 불붙다가 꺼져버린 연막^{煙幕} 속 영상이며, 그것은 지금까지 나에게 꿈같은 휴가를 주었다. 관념적 추상은 항상 안일하고 (임의로) 예측 가능하며, 알려진 것들(世上事)에 대한 탐닉과 방종이었다.

When abstraction collapses there is what there is ... my bodily sensations, the symphony going on. Not necessarily in tune, but nevertheless constantly changing and moving, coming and going. Something is happening here or there ... it evaporates and something else takes its place. There is nothing that I can control or manipulate. It is immeasurable and unknown, being and then not being.

In the same way, if I seem to let go and listen, touch, taste, smell, or see, there is no way of knowing beforehand the exact quality of those sensations. I could say that I can anticipate the sound of a bird singing, but it is only information based on memory.

그러한 관념적 추상이 무너지면 거기에는 '있음'만 남겠지만… 내 신체의 감각들은 교향곡처럼 조화되어 계속 연주된다. (모든 것은) 꼭 조화를 이룰 필요는 없지만, 그럼에도 끊임없이 변화하며 움직이고 오고 간다. 여기저기서 항상 무슨 일이 일어나고 있다…. 그것은 (잠시 머물다가) 연기처럼 증발되고 다른 것이 곧바로 나타나 그 자리를 대신한다. (현상계는) 내가 통제하거나 내 의지로 조작할 수 있는 것이 전혀 없다. 그것은 헤아릴 수 없고 알 수 없으며, 존재하면서 존재하지 않는 모든 것이다.

이와 마찬가지로, 내가 듣고, 만지고, 맛보고, 냄새 맡고, 보면서 나를 놓아버린다면(볼 때는 보기만 하고, 들을 때는 듣기만 하고, 느낄 때는 느끼기만 한다면), 그 감각의 정확한 특질特質을 미리 알 수 있는 방법이 없다. 나는 한 마리 새가 노래할 것으로 예측하지만, 나의 예상은 기억을 바탕으로 한 정보일 뿐이다.

It is not alive, vital and unknown. The sound I actually hear, the sound of what is, will not be the same as my abstraction of it. When I first listen to the sound I will try to grasp it and label it in order to control it. When I apparently let go of that control, there is simply the listener and the sound. When the listener is dropped, there is only the sound. I am no longer there – there is simply the naked and vibrant energy of what is. Nothing is needed, all is fulfilled.

It is within the very alchemy of this beingness that freedom resides.

Life beckons me. It whispers, it calls me and in the end it screams at me. The scream of crisis or disease is often what will bring the rediscovery of what I really am, for it is difficult to abstract suffering.

그것은 감각적이지 않고(감각으로 알 수 없고), 중요하지 않으며(중요한 것처럼 보이지 않으며), 모르는 것이 아니다. (누구에게나 알려진 것이다.)[3] 내가 실제로 듣는 소리, 즉 '존재'의 소리는 내가 만들어낸 '소리의 추상화'와 같지 않을 것이다. 내가 처음 어떤 소리를 들을 때, 나는 그것을 손에 쥐고 통제하기 위해 이름을 붙일 것이다. 내가 그러한 통제를 확실히 놓아버린다면, 단지 듣는 자와 소리만 있게 된다. 듣는 자도 떨어져 나가면, 거기에는 단지 소리만 있다. 나는 더 이상 거기에 없다 – 거기에는 단지 있는 그대로의 적나라하고 생생한 에너지만 있다. 아무것도 필요하지 않으며 모두 충족되어 있다.

이것이 바로 자유가 거주하는 존재의 연금술이다.

생명이 나에게 손짓한다. 그것은 속삭이고, 나를 부르다 결국에는 나에게 비명을 지른다. 극한의 위기나 질병의 외마디 비명은 진짜 나를 재발견하게 만든다. 살아 숨 쉬는 당신의 고통을 생각으로 추상화시키는 것은 불가능하기 때문이다.

1 추상(abstraction): 사물의 표상을 어떤 성질에 착안하여 축소 파악하는 관념이
   나 생각.

2 근사치(approximation): 참은 아니며 참처럼 보이는 어림값.

3 토니 파슨스의 아드바이타적 어법이다. 저자는 여러 책에서, 자칫 대상으로
   보일 위험이 있는 그것(있음, 존재, 의식, 전체, 하나임)을 언어로 구분하지 않기
   위해 의도적으로 이중적, 비분법적 문장을 사용하고 있다.

두려움

Fear

If there is being, fear is seen clearly as an abstraction ...
a future anxiety born from memory's blueprint.
If the story that engenders the fear is dropped,
I discover that all I am left with is a physical sensation which is raw and alive.

그냥 존재한다면 두려움은 내가 만들어낸 추상적 관념이다.···
미래에 대한 불안은 기억의 청사진에서 비롯된다.
두려움을 조작하여 만들어 내는 그 이야기가 떨어져 나가면,
나는 단지 가공되지 않고 생생하게 살아있는 육체적 감각과 함께 있을 뿐이다.

Fear

Until I recognize what I really am, my life can be largely driven by that which I fear.

It can be my fear that engenders my belief in a beginning and an end.

It is my fear of losing myself that can perpetuate and sustain my drive to survive and continue, for what I long for and fear most is the absence of my self.

Fearing weakness I strive for control, fearing intimacy I strive to be aloof, fearing subservience I strive to be dominant, and if I fear being ordinary I try to be special.

두려움

진정한 나를 알기 전까지는, 나의 삶은 내가 두려워하는 것에 의해 크게 통제될 수 있다.

탄생과 죽음에 대한 나의 믿음을 만들어내는 것은 나의 두려움이다.

끝까지 살아남아 생존하려는 나의 욕망을 영존永存하고 유지하는 출발점은 자신(에고)의 소멸에 대한 두려움이다. 내가 가장 갈망하는 동시에 두려워하는 것이 나 자신의 부재이기 때문이다.

나약함이 두려우면 통제하려 애쓰고, 친밀함이 두려우면 냉담하려 애쓰고, 종속됨이 두려우면 지배하려 애쓰며, 평범함이 두려우면 특별해지려 노력한다.

The things I can be afraid of are endless, because if one fear is overcome another one takes its place.

If there is being, fear is seen clearly as an abstraction ... a future anxiety born from memory's blueprint. If the story that engenders the fear is dropped, I discover that all I am left with is a physical sensation which is raw and alive. Now it ceases to overrun me and quietly takes its place in existence. It is the same with physical or emotional pain. When I cease to own it I liberate myself from its bondage and see it simply as it is.

If I cease to label suffering as bad, and mine, it is possible to allow it simply as energy in a certain form, and it can then begin to have its own flavour.

The nature of suffering is that it speaks deeply to me of another possibility. By desiring pleasure and avoiding pain I chop in two the very root of that possibility.

나의 두려움은 끝이 없다. 하나의 두려움이 극복되면 또 다른 두려움이 그 자리를 대신하기 때문이다.

그냥 존재(있음)한다면 두려움은 내가 만들어낸 추상적 관념이다… 미래에 대한 불안은 기억의 청사진에서 비롯된다.[1] 두려움을 조작하여 만들어내는 그 이야기가 떨어져 나가면, 나는 단지 가공되지 않고 생생하게 살아있는 육체적 감각과 함께 있을 뿐이다. 이제 두려움은 나를 압도하지 않고 존재 안에서 고요히 자신의 자리를 차지한다. (고요히 나와 친구로 함께 있다.) 육체적 또는 정신적 고통도 마찬가지이다. 내가 그것의 소유를 멈출 때 나는 자신을 고통의 속박에서 풀어버리고 그 고통을 단순히 있는 그대로 보게 된다.

고통은 나쁜 것이며, 나의 것으로 이름만 붙이지 않는다면 고통은 단지 에너지의 형태로 받아들일 수 있으며, 이제 고통은 그 자체의 향기와 맛을 갖기 시작한다.

고통의 본질은 나에게 또 다른 가능성을 심오하게 말해준다. 즐거움만 갈망하고 고통을 회피한다면 바로 그 가능성을 뿌리째 찢어버리게 된다.

옮긴이 주

1 토니 파슨스는 그의 저서 『Nothing Being Everything』에서 두려움 없는 존재
   는 이 순간 있음이라 말한다.

죄

Guilt

There is no further ongoing debt to pay.
There is only the knowing or the unknowing.
If I cannot understand, I cannot see, and darkness is simply darkness.
It is neither right nor wrong.

우리의 모든 행위는 갚아야 할 현재 진행 중인 빚이 없다.
단지 앎과 모름만 있을 뿐이다. 내가 이해할 수 없다면 볼 수 없을 것이고,
어둠은 단지 어둠이다. 앎과 모름은 옳거나 그른 것이 아니다.

Guilt

I can only feel guilty if I judge who I am from a set of belief systems that I have been taught or that I have constructed for myself. My self-constructed beliefs again can only emanate from my past experiences in time. These concepts are linked to the idea of a journey towards a goal, a path to purification.

In being, there is no becoming, no attachment to a goal. I see that I no longer have to achieve any standard or behave in a certain way in order to become worthy.

죄

나는 단지 내가 배워왔거나, 스스로 구축한 신념 체계를 통해 내가 누구인지 판단할 때 죄책감을 느낄 수 있다. 나 스스로 구축한 신념은 시간 속에서 단지 과거의 경험으로부터 나온다. 이렇게 생겨난 죄책감이라는 관념은 목표를 향한 여정, 즉 정화의 길(수행)에 대한 나의 생각과 연결된다.

'있음' 안에서 (모든 존재)는 무엇이 된다거나 목표를 향한 집착이 없다.[1] 나는 가치 있는 사람이 되기 위해 특정 방식으로 행동하거나, 어떤 기준을 성취할 필요가 없음을 알고 있다.

Whilst I expend my energy in feeling guilty and attempting to assuage that illusory sense, I continuously negate the possibility of liberation. There is a fascination and an indulgence built into the drama of sin, or karma, which can powerfully smoke-screen the very real avoidance of the rediscovery of what I am. What I am doing is investing in an illusory concept about right or wrong in order to avoid that which is absolutely beyond both.

In being there is no debt because there is no history. In any situation either I feel separate or there is being. In separation, no matter what happens I feel separate. In being, the self is no more and there is simply that which is.

Either situation is complete. Each happening is its own reward. It is there and then it is gone. There is no further ongoing debt to pay.

내가 죄책감을 느끼면서, (죄책감이라는) 착각을 진정시키려 힘을 쏟는 동안은, 나는 해방과 자유의 가능성을 끊임없이 부정하게 된다. 죄와 카르마의 드라마에는 탐닉(방종)[2]과 면죄부가 함께 내재되어 있으며, 이는 내가 누구인지 재발견하는 것을 뿌연 연막으로 가릴 수 있다. (스스로 인식하지 못하게 만든다.)

나는 지금 옳고 그름이 있다는 착각적 개념을 봉인封印하는 중이다. 이러한 착각은 선악 너머에 존재하는 그것(전체성)을 회피한다.

현존現存에는 역사가 없기 때문에 갚을 빚이 없다. 내가 분리된 느낌이든지, 단지 '있음'의 느낌이든지(분리되지 않은 느낌이든지) 어떤 상황이든 마찬가지다. (어떤 상황에 놓여도 그곳에는 있음만 있다.) 분리 안에 있으면 어떤 일이 일어나든지 나는 분리를 느낀다. (불행뿐 아니라 행복을 느껴도 분리를 느낀다.) 있음 안에서는, 자아(에고)는 없으므로 단지 존재만 있다.

두 가지(무아적 있음과 자아적 분리) 상황 모두 완전하다. 두 상황에서 일어나는 각각의 일은 그 자체가 보상이다. 그것은 (올 것이므로) 잠시 왔다가, (갈 것이므로) 곧바로 사라진다. 우리의 모든 행위는 갚아야 할 현재 진행 중인 빚이 없다.

Whilst we continuously employ the remorseless judge to calculate and measure everything we do or are, we imprison ourselves in an existence of struggle, guilt and suffering, only to appease a god that is ourselves projected.

There is only the knowing or the unknowing. If I cannot understand, I cannot see, and darkness is simply darkness. It is neither right nor wrong.

All concepts of bad or good, original sin, karma or debt of any kind, are the products of an unawakened mind that is locked into time and the maintenance and reinforcement of a sense of father, mother and self.

우리는 자신의 모든 행위를 일일이 계산하고 측정하기 위해 무자비한 판사를 끝없이 고용한다. 그러는 동안 우리는 자신을 투쟁하며, 죄를 짓는, 고통스러운 존재로 여기면서 자신을 스스로 감금시킨다. 단지 우리 자신이 투사投射3된 신神을 달래기 위해서 말이다.

단지 앎과 모름만 있을 뿐이다. 내가 이해할 수 없다면 볼 수 없을 것이고, 어둠은 단지 어둠이다. 앎과 모름은 옳거나 그른 것이 아니다.

선과 악, 원죄, 어떤 종류의 카르마와 갚아야 할 업보業報에 대한 모든 개념은 깨어나지 못한 마음의 부산물이다. 이것들은 모두 부모 또는 나라는 개별적 느낌을 유지 강화하는 시간 감옥 속에 감금되어 있는 당신 마음이다.

옮긴이 주

1 토니 파슨스는 그의 책 『Nothing Being Everything』에서 존재의 본질은 있음
   이라 말한다.

2 indulgence: 14세기 라틴어 'indulgentia(호의, 면제)'에서 유래하였고 영어권에
   서는 1600년 초부터 쓰임.

3 투사(projection): 자아의 방어기제의 일종으로, 자신의 무의식적 충동이나 죄책
   감을 타자에게 전가함으로써 자신에게 그러한 특성이 있다는 사실을 부정한다.

생각

Thinking

Creative thinking emerges from nothing.
But if I move beyond thinking, where am I and who am I?

창조적 사고는 아무것도 아닌 것에서 나온다.
그런데 만일 내가 생각을 넘어서면 나는 어디에 있으며, 나는 누구일까?

Thinking

My thinking creates time and time creates my thinking. Within time thinking I maintain my illusory sense of self-identity and separation... I think, therefore I continue.

My thinking in time, in the main, grasps and divides, continuously producing ideas of progress towards satisfaction or calamity. It disturbs and speaks of order and makes promises and speaks of destruction.

My time thinking moves backward and forward over a sea of memories and projections from a place I call myself.

My mind maintains the immaculate balance between limitation and liberation at the same time looking for lifetimes in every part of existence, in the seen and unseen, searching and longing, to discover only the one that is looking.

생각

    나의 생각은 시간을 창조하고 시간은 나의 생각을 창조한다. 시간 속에서 나는 자기 동일시와 (내가) 분리되어 있다는 착각을 유지한다…[1] 나는 생각한다. 그러므로 나(我)는 계속된다.

    시간 속에서 대부분 나의 생각은 어떤 대상에 집착하고 둘로 쪼개며, 그 결과 일시적 만족 또는 심각한 재앙을 향한 점진적인 생각을 지속적으로 만들어낸다. 질서와 약속을 말하면서, 나의 생각은 그것들을 어지럽히고 파기시킨다.

    시간관념은 자아(에고)로부터 나온 기억과 투사(投射)의 바다 위를 앞뒤 (과거와 미래)로 출렁인다.

    내 마음은 한계와 자유 사이에 동시적으로 대칭적 균형을 유지한다… 나는 단지 찾는 자를 발견하기 위해 존재의 모든 부분 안에서, 보이고 보이지 않는 것 안에서, 찾고 원하며 평생을 찾아왔다.

No amount of thinking will tell me what I am, but understanding can take me to the river's edge.

Stillness is not brought about by not thinking.

Stillness is absolutely beyond the presence or absence of thought. I cannot make myself still, but when that which appears not to be still is seen, then that seeing emanates from stillness.

Creative thinking emerges from nothing.

But if I move beyond thinking, where am I and who am I?

아무리 많은 생각으로도 내가 무엇인지 알 수는 없지만, 해오^{解悟2}는 나를 강변의 물가까지는 데려다 줄 수 있다.

하지만 단지 생각하지 않는다고 해서 고요함이 생겨나지는 않는다. 고요함은 생각의 존재와 부재를 완전히 넘어서 있다. 나는 자신을 고요하게 만들 수는 없지만, 고요하지 않은 것처럼 보이는 그것을 볼 때(드러난 모든 것을 볼 때), 그러한 봄은 고요함에서 나온다.

창조적 사고는 아무것도 아닌 것에서 나온다.

그런데 만일 내가 생각을 넘어서면(생각이 있되 실체화시키지 않는다면) 나는 어디에 있으며, 나는 누구일까?

1 착각(illusory sense)은 습관적으로 '환영幻影'으로 해석하는 경우가 많다. 하지
   만 환영(hallucination)은 '없는 것'을 '있는 것'으로 보는 지각장애이며,
   착각(illusory sense)은 '있는 것'을 '다른 것'으로 보는 지각장애이다.
   이 문장에서 쓰인 착각(illusory sense)은 '나'가 없다는 뜻이 아니라, '나'는
   있지만 '나'를 왜곡시킨다는 뜻이다.

2 해오解悟: 서서히 논리적으로 납득하여 깨달음.

관계

Relationships

In this open and welcoming presence there is
no need for memory or repetition, comparison or expectation.
No place for one part meeting another.
There is no distance between the two and therefore nothing needs to relate.

이러한 열림과 수용적 현존 안에서는, 기억이나 반복 그리고 비교 또는 갈망이 필요 없다.
한 부분이 다른 부분을 만날 자리가 없다.
둘 사이에는 거리가 없기에, 관계를 위해 아무것도 필요 없다.

Relationships

My early experiences with parents and others sets up my beliefs and my patterns about relationships, and these patterns follow and influence every relationship thereafter until I rediscover what I am.

In whatever game I play, those to whom I relate will, in the main, become compatriots in that game and reinforce and support it. If I need to be needed I will create the needy. If I need to be rejected then I will attract rejection. There are as many variations as there are people. But patterns are only a confirmation of my particular needs and beliefs, andthey reflect that which I have not yet rediscovered. They are perfectly appropriate-simply a part of the hidden principle of unconditional love inviting me to see another possibility.

관계

부모와 타인들과의 초기 경험은 관계에 대한 나의 신념과 행동을 설정하며, 이러한 패턴은 내가 무엇인지 재발견할 때까지 모든 (관습적) 관계를 따르며 인간관계에 영향을 준다.

내가 어떠한 (에고) 게임을 하든지, 나와 관련된 사람들은 대부분은 같은 게임 동료가 되며, 그 게임 방식을 지지하며 강화한다. 내가 궁핍을 필요로 한다면 나는 궁핍을 창조할 것이다. 내가 거절을 필요로 한다면 변형이 있다. 그러나 패턴(에고 게임)들은 각자의 특별한 필요와 신념을 확인하는 수단일 뿐이며, 실제로 그것들(에고적 삶의 게임들)은 각자 아직 재발견하지 못한 '그것(있음)'을 되비추고 있다. 그러므로 서로 다른 패턴(게임)들조차 완벽하게 적절하다. 패턴(삶의 에고 게임)이란 단지 다른 가능성(있음, 단일 의식)을 보여 주기 위해 우리를 초대하는 무조건적 사랑의 숨겨진 부분적 원리이다.

What I experience as a relationship in my world of time and separation, seems like a link between me and another. It can be an exchange of feelings, interests and enthusiasms, laughter and tears, thoughts and reflections. One part communicating with another part. I am relating to that which I project out there, apart from me. There is very little merging in the fullest sense. It seems like a communication between two projections, two conditionings, two patterns, or an agreement to stroke each other's egos.

When I first meet somebody my computer sometimes places the other person in a box in which I keep them imprisoned. Sometimes I will extend bits of the box here and there, or I will make it bigger or smaller.

In this way I stay safe and relate to my concepts about the person rather than who they really are.

When I strive to become that which I think is my cause, I can live in a state of comparison with others or see them as my judge. It is a kind of subtle competition.

시간과 분리가 만든 세계에서 관계로서의 나의 경험은 마치 나와 다른 사람을 이어주는 연결고리처럼 보인다. 개별적 삶의 경험은 각자의 감정들, 관심과 열정, 웃음과 눈물, 그리고 생각과 그 생각 반응의 상호교환일 수 있다. 어떤 부분이 다른 부분과 소통하는 중이다. 나는 나로부터 떨어진, 내가 밖으로 투사한 것과 관계하는 중이다. 완전한 의미에서 둘 사이의 합병은 거의 없다. 그것(관계)은 마치 두 가지 투사, 두 가지 조건화, 두 가지 행동패턴(게임양식)의 소통처럼 보인다. 또는 서로의 에고를 어루만지는 (척하는) 야합野合처럼 보이기도 한다.

내가 누군가를 처음 만날 때 내 컴퓨터(머리)는 자주 그 사람을 나의 든든한 박스에 넣어서 수감시킨다. 때로는 상자 속 정보를 여기저기로 확장하거나, 더 크거나 작게 만든다.

이런 식으로 (그 사람은) 나의 머릿속에 안전하게 머물며, 실제 그가 누구인지보다는 그 사람에 대한 나의 관념과 관계한다.

내가 생각하는 나의 원인이 되려고 분투할 때(개인적 인과성을 따지면서 살아갈 때) 타인과 나를 비교하거나 나의 판단으로 타인을 심판하며 살아간다. 이것은 미묘한 경쟁의 한 종류이다.

I can also see the other person as someone who I believe can fulfil my sense of lack. They can acknowledge the image that I wish to project, or they can reinforce my sense of being worthy. They can excite me and comfort me with their presence. They fulfil a need.

The way in which I relate to others is a most powerful reflection in the most fundamental relationship of all, and that is with myself.

When I have rediscovered what I am, however, there is no longer any question of relationships. In this open and welcoming presence there is no need for memory or repetition, comparison or expectation. No place for one part meeting another. There is no distance between the two and therefore nothing needs to relate.

또한 어떤 사람을 나의 부족감을 채워 줄 수 있는 사람으로 여기며 그와 관계할 수 있다. 그들은 내가 투사하기를 원하는 (나의) 이미지를 인정할 수 있으며, 또는 나의 가치감을 강화시킬 수 있다. 그들은 자신의 존재로 나를 흥분시키거나 나를 위로해 줄 수 있다. (관계하는) 사람들은 그런 방식으로 나의 필요(부족감과 인정욕구)를 채워준다.

내가 다른 사람과 관계하는 방식은, 모든 관계 중 가장 근원적인 관계, 즉 나 자신과 맺는 관계를 강력히 되비춘다.

그러나 내가 무엇인지 재발견했을 때, 관계에 대한 질문은 더 이상 없게 된다. 이러한 열림과 수용적 현존 안에서는, 기억(인과)이나 반복 (업보) 그리고 비교 또는 갈망이 필요 없다. (전체의) 한 부분이 (전체의) 다른 부분을 만날 자리(필요)가 없다. 둘(전체와 전체) 사이에는 거리가 없기에, 관계를 위해 아무것도 필요 없다.

All of our energy is merged into a continual freshness, and the celebration of simply what is.

It is a communion of spontaneous giving and receiving that can enlighten those times when we return to relating. Often there is silence because there is no need to fill the void once seen as threatening. These silences are full of simply being together in an existence that is continually dancing.

우리의 모든 에너지는 지속적인 생생함과 단순히 존재함의 기쁨으로 통합된다.

우리가 통합 관계로 돌아갈 때, 그 시대를 비추는 것(시대적 깨달음)은 자발적인 주고받기의 영적 소통이다. 영적 소통을 이루면, 그 전에는 위협으로 여겨졌던 자신의 공허함(결핍감)을 채울 필요가 없기 때문에 고요한 침묵만 있다. 이러한 침묵은 끊임없이 춤추고 있는 존재(있음) 안에서 단순히 함께함으로 가득 차 있다.

나는 …이 아니다

I am not …

But these apparent experiences are only oneness concealing and revealing itself in a meaningless game of hide and seek.

그러나 겉으로 보이는 이러한 경험들은 의미 없는 숨바꼭질 게임 안에서
자신을 숨기고 드러내는 하나임일 뿐이다.

I am not …

… my life story, the mind, the body, feelings, experiences of pain or pleasure, struggle, success or failure. I am not loneliness, stillness, frustration or compassion. I am not even what I think is my purpose, the seeking, the finding, or anything which is called a spiritual experience.

When I dream what I am I sanctify these experiences, take ownership of them and give them great significance. I believe they mean something which, once understood, will give me answers and provide formulas. But these apparent experiences are only oneness concealing and revealing itself in a meaningless game of hide and seek.

나는 …이 아니다

…나의 인생 이야기, 나의 마음, 나의 몸, 나의 감정, 나의 고통이나 즐거운 경험, 그리고 나의 분투, 나의 성공과 실패는 내가 아니다. 나는 외로움도 아니고, 고요함도 아니며, 좌절감도 아니고 연민이나 동정도 아니다. 심지어 나는, 내가 생각하는 나의 목표가 아니고, 추구하는 자가 아니며, 나의 발견도 아니고(本性 발견도 아니고), 또한 영적 경험이라 불리는 그 어떤 것도 아니다.

'나는 무엇이다'라고 규정지으며 꿈을 꿀 때, 나는 영적 경험을 신성화하고, 개인적으로 소유하고, 엄청난 중요성을 부여하게 된다. 나는 그것들(내 삶의 물리적 경험이나 영적 경험)이 나의 노력으로 이해된다면, 삶의 해답과 공식이 나에게 주어질 것이라 믿었다. 그러나 겉으로 보이는 이러한 경험들(세속적 경험과 영적 경험 모두)은 의미 없는 숨바꼭질 게임 안에서 자신을 숨기고 드러내는 하나임(전체)일 뿐이다.

나는 …이다

I am ...

There is no I to be am. There is already the absolute expression of wholeness.
Nothing, absolutely nothing, needs to be added or taken away.
There is no need to wait for grace to descend,
for already all there is is grace.

되어야 하는 '나'는 없다. 이미 전체의 절대적 드러남만 있다.
아무것도, 전혀 아무것도 더하거나 뺄 필요가 없다.
하늘의 은총이 내려오기를 기다릴 필요도 없다.
존재하는 모든 것들이 이미 은총이기에.

I am ...

There is no I to be am. There is already the absolute expression of wholeness. Nothing, absolutely nothing, needs to be added or taken away. Nothing is more valid or sacred than anything else. No conditions need to be fulfilled. The infinite is not somewhere else waiting for us to become worthy, it is all there is.

There is no need to experience 'the dark night of the soul', or surrender, be purified, or go through any kind of change or process. How can the illusory separate self practise something in order to reveal that it is illusory?

나는 …이다

되어야 하는 '나'는 없다. (나여야 하는 나는 없다.) 이미 전체의 절대적 드러남만 있다. 아무것도, 전혀 아무것도 더하거나 뺄 필요가 없다. 모든 드러남이 동등하므로 어떤 것보다 더 가치 있고 신성한 다른 것은 세상에 없다. 드러남에는 어떠한 조건도 충족될 필요가 없다. 이 무한성은 우리에게 가치를 주는 어딘가에서 기다리지 않는다. 무한성은 (나를 포함하여) 어디에나 존재하는 모든 것이다.

무한성(= 나 = 전체 = 의식 = 드러난 모든 것)은 '영혼의 어두운 밤'을 경험할 필요도 없고, 복종하거나 정화될 필요도 없고, 어떤 과정이나 변화를 거칠 필요가 없다.[1] 어떻게 이미 분리된 착각체가, 자신이 착각임을 드러내기 위해 자기 수행을 할 수 있단 말인가?[2]

163

There is no need to be serious, honest, dishonest, moral or immoral, aesthetic or gross. There are no reference points. The life story that has apparently appened is uniquely and exactly appropriate for each awakening. All is just what it is … not because it is a potential for something better, but simply because it is.

The invitation to discover that there is no-one who needs liberating is constant. There is no need to wait for moments of transformation, to look for the non-doer, permanent bliss, an ego-less state, or a still mind.

There is no need to wait for grace to descend, for already all there is is grace.

너무 심각하게 받아들일 필요도, 정직할 필요도 없고, 부정직할 필요도 없으며 도덕적이거나 부도덕적일 필요도 없다. 미학적일 필요도 없고 저속할 필요도 없다. 거기(있음, 전체)에는 참고할 기준이 없다. 겉보기에 분명히 일어나고 있는 경험처럼 보이는 우리 삶은 각자가 깨어나는 데 가장 독특하고 적절한 이야기이다. 모든 것은 그 자리에 있는 그대로이다. 더 좋아질 가능성 때문이 아니라 단지 그렇게 있기 때문이다.

해방될(깨달을, 해탈할) 필요가 있는 사람은 아무도 없다. 그럼에도 이 사실을 발견하라는 초대장은 항상 있다. 변화(깨달음)의 순간을 기다릴 필요가 없다. 자신이 비행위자가 되기를 바라거나, 영원한 지복을 바라거나, 에고 없는 상태를 바라거나, 고요한 마음 상태를 기다릴 필요가 없다.

하늘의 은총이 내려오기를 기다릴 필요도 없다. 존재하는 (당신을 포함하여) 모든 것들이 이미 은총이기에.

옮긴이 주

1 토니 파슨스는 그의 책 『All There Is』(2010)에서 "무한성은 전체이며, 나이며, 의식이며, 드러난 모든 것이다. 그러므로 깨달음을 찾는 나의 노력은 자유를 회피하는 가장 효과적인 방법이다(Seeking is most effective way to avoid liberation)."라고 말한다.

2 토니 파슨스의 책에서 반복해 나오는 용어 정리
   1) illusion(착각): 실제로 존재하는 A를 B로 잘못 봄
   2) The illusory(착각체): 실제로 존재하는 사물을 잘못 보는 주체
   3) hallucination(환상, 환영): 존재하지 않는 사물을 존재하는 것으로 봄
   4) delusion, illusory concept(망상): 잘못된 믿음(false belief)

아무것도 아닌 모든 것

Nothing Being Everything

When there is no longer that which seems to
stand apart then life is nakedly, passionately, all there is.
This is freefall, life full on, not my life,
not anyone's life, but simply life.
All is nothing being everything.

더 이상 분리처럼 보이는 것이 없을 때, 삶은 적나라하게 드러나며,
열정적으로 여기 존재하는 모든 것이다.
이것은 저항 없는 삶, 충만한 삶,
내 삶도 아니고 누구의 삶도 아닌 그냥 삶이다.
이것은 모든 것으로 존재하는 아무것도 아닌 것이다.

Nothing Being Everything

That which the seeker longs for cannot be known as a something and so cannot be described. Putting a word to it turns it into an object and the seeking energy will then inevitably try to find, grasp, attain or become worthy of what it believes is a something that it can possess.

The separate reality experiences everything as apparently dualistic ... a knowing or awareness of something other ... a tree, a person, or sitting on a chair. There is nearly always a someone to whom everything seems to be happening. The story of me is always about what will be, never what is. It is the search for a treasure within life, never seeing that life is the treasure.

아무것도 아닌 모든 것[1]

그것에 (깨달음, 해탈 따위로) 이름을 붙이면 그것을 대상으로 바꿔 버리며, 그렇게 추구하는 에너지는 필연적으로 뭔가를 찾으려 노력하고, 집착하고, 얻으려 노력하거나, 자신이 소유할 수 있다고 믿는 것에 부합하는 가치 있는 사람이 되려고 노력하게 된다.

분리된 현실은 모든 것을 확실하게 이원적으로 경험하는데, 나무한 그루, 한 사람, 의자에 앉아 있음과 같이 어떤 것을 다르게 알거나 대상으로 지각知覺하게 된다. 항상 모든 일이 진짜로 일어나는 경험처럼 보이는 사람들이 있다. 그런 사람에게 있어 자신의 이야기는 항상 '내가 무엇이 될까?'에 관한 것이지, '내가 무엇인가?'에 관한 것이 아니다. 그 사람은 삶에서 보물을 찾으려 노력할 뿐, 삶이란 보물을 보지 않는다.

Being is like all words, inadequate. Wholeness, energy, existence, nothing and everything, oneness, boundlessness, could all be used, but somehow will never be quite it. However, what is referred to here has no connection to the current popular ideas of "being here now" or "living in the moment" or "everything being consciousness" or "discovering my true nature" and so on.

If there could be any way of describing the qualities of being, they would be an uncaused, unrelated, impersonal energy which both is and isn't ... nothing being everything ... that which is both real and unreal. It is the absolute being the relative, the formless being the form. They are not apart ... there is not two.

있음(Being)은 다음 단어들과 마찬가지로 부적절하다. 전체, 에너지, 존재, 아무것도 아닌 모든 것, 하나임, 무경계 … 모두 사용될 수 있다. 그러나 결코 그것일 수는 없다. 지금까지 이 책에서 언급한 내용은, 요즘 유행하는 관념들처럼 "지금 여기에 존재하라." 또는 "지금 이 순간을 살아라." 또는 "모든 것은 의식이다." 또는 "나의 본성을 찾아라."와 같은 유행어와는 관련이 없다.

만일 존재(있음)의 특성을 묘사할 수 있는 방법이 있다면, 그것은 원인이 있거나 없고, 어떤 것과 관련이 있거나 없고, 인격적(개인적)이거나 비인격적(비개인적) 에너지일 수 있고… 모든 것으로 존재하는 아무것도 아닌 것이며… 진짜이면서 진짜가 아니며, 현실이면서 비현실이다. 그것은 상대적으로 존재하는 절대이며, 형태로 존재하는 형태 없음이다. 그것들은 떨어져 있지 않다. 둘로 존재하지 않는다.

So when it is said "all there is is this", there is a pointing to the absolute unicity of nothing and everything. "This" is what is and isn't. "This" is being. "This" is that which is real and unreal. "This" is what is apparently happening. Anything and everything is "This" … it is being, and that is probably as near as words can get to describing that which cannot be known.

Being is totally without judgement, analysis, wish to reach conclusion or to become. There is no traffic or expectation. There is simply what is … and isn't.

그래서 "모든 것이 이것이다."라고 말해질 때, 그것은 아무것도 아니면서 모든 것인 절대적 단일성을 가리킨다.[2] '이것'은 있는 무엇이며, 있지 않은 무엇이다. ('이것'은 존재로 인식되는 것과 비존재로 인식되는 것이다.) '이것'이 존재하고 있는 중이다. ('이것'이 '있음'이다.) '이것'이 현실과 비현실이다. (이것을 사람들은 현실과 비현실이라는 언어로 나눈다.)[3] '이것'은 겉보기에 분명히 일어나고 있다. 어떤 것(부분)이든 모든 것(전체)이든 '이것'이다…. 그것은 존재(있음)이며, 그것은 알 수 없는 것을 말로 할 수 있는 가장 가까운 묘사이다.

존재(있음)는 판단과 분석이 없으며 결론에 도달하려는 욕구나 무엇이 되고 싶은 욕망이 전혀 없다. 어떤 (대상에 대한) 의무감(부담)이나 기대가 없다. 단지 있는 것… 있지 않은 것만(모두) 있다.

Being cannot be "done" simply because being already is. Within being arises the apparent avoidance of being ... but that is also what is.

There is being or apparently being separate ... openness or seeming manipulation. There can be the simplicity and wonder of simply what is, or the apparent limitation of our expectations. All is appearance, all is already being.

Being may arise as the illusion of not being, but when that illusion apparently evaporates then what dies with it is the stuff of separation, self-identity, hope and the effort to know and become, to continue as a part of the whole. It is a kind of death ... the end of something that was never happening.

존재(있음)는 완료가 없다. (존재는 처음과 끝이 없으며 태어나고 죽지 않는
다.) 왜냐하면 존재(하나의 의식, 있음)는 이미 있기 때문이다. 존재 안에서
는 겉보기에 존재에 대한 회피가 일어나는 것처럼 보이지만… 그것
역시 존재(하는 방식)이다.[4]

'있음' 또는 겉보기에 분리된 '있음'만 있을 뿐… 그것은 개방성이며
겉으로는 조작성(폐쇄성)처럼 보인다. 거기에는(여기에는, 모든 곳에는)
단순함과 '단지 있음'의 경이로움이 있으며, 그것은 분명히 우리가
바라는 상상 너머에 있다. 모든 것이 드러나 있으며, 이미 '있음'이다.

'있음'은 '있음이 아닌 것으로 보이는 착각'으로 말미암을 수 있다.[5]
그러나 그러한 착각이 명백하게 증발하면, 착각과 함께 사라지는
것은 분리감과 자기 정체성, 개인적 희망과 무엇을 알고자 하며 어떤
사람이 되고자 하는 노력과 희망, 그리고 전체의 일부로 지속하여
생존하려는 부분일 뿐이다. 그것은 일종의 죽음이며… 한 번도 일어난
적이 없었던 사건(개별성, 나, 에고)의 종말이다.

Being is not a task and neither can it be used. It is not an object or a spiritual practice, exercise, or tool that can be used on a path to get somewhere. The idea of harnessing being to a task is as futile as the idea of trying to catch air in a net. Being is what is and isn't and so is not trying to get anywhere. If "I" am trying to get somewhere, "I" am being appearing as a search for that which is already everything.

When there is no longer that which seems to stand apart then life is nakedly, passionately, all there is.

This is freefall, life full on, not my life, not anyone's life, but simply life.

Being doesn't bring heaven down to earth or raise earth up to heaven. All is nothing being everything.

있음은 과제가 아니며 (개별적으로) 이용될 수 없다. 있음은 목표가 아니며, 어딘가에 도달하기 위한 영적 수행이나 도구도 아니다. '있음'을 노력이나 수행으로 안전하게 연결시키려는[6] 생각은 그물로 공기를 잡으려는 생각만큼 터무니없다. '있음'은 존재하는 동시에 존재하지 않으므로 어떤 곳으로 도달하려 애쓰지 않는다. 만일 '나'가 어딘가에 도달하려 노력 중이라면, '나' 또한 이미 모든 것인 '그것을 찾는 자(a search)'로 드러난 '있음'이다.

더 이상 분리처럼 보이는 것이 없을 때, 삶은 적나라하게 드러나며, 열정적으로 여기 존재하는 모든 것이다.

이것은 저항 없는 삶, 충만한 삶, 내 삶도 아니고 누구의 삶도 아닌 그냥 삶이다. (나 또는 누가 충만하고 저항 없이 삶을 사는 것이 아니라, 삶이 자유롭게 모두를 통하여 존재한다.)

'있음'은 천국을 땅으로 내려 보내거나, 땅을 천국으로 들어 올리지도 않는다. 이것은 (전체가) 모든 것으로 존재하는 아무것도 아닌 것(비개별성의 있음)이다.

옮긴이 주

1 이번 장은 토니 파슨스의 책 『Nothing Being Everything』(2020)을 요약한 글이다.

'아무것도 아닌 것'은 없다는 뜻이 아니라, 하나(not two)의 의식이 '모든 것'(사물이나 경험)으로 드러나 있다는 뜻이다.

모든 것이란 눈에 보이거나 보이지 않는 대상, 나의 몸과 마음까지 포함한 전체를 말한다.

2 저자가 말하는 '이것'은 영원성, 전체, 있음, 현재, 의식을 가리킨다. 얀 케르쇼트, 『This Is It』(인터뷰 참조)

3 토니 파슨스는 여러 저서와 인터뷰에서 존재의 실상을 말하고 있다. 즉 이것(전체, 있음, 현재)의 존재방식은 '있다'와 '없다', '살았다'와 '죽었다'의 대립이 아니다. 이것은 언어와 지각, 시간과 공간을 초월한 동시성이다.

4 외견상 존재(있음)의 회피 방식
겉보기에 중생이지만 깨달은 존재이다.
겉보기에 죄인이지만 구원받은 존재이다.
겉보기에 분리된 에고지만 통합된 자아이다.
겉보기에 생멸하는 몸과 마음이지만 불멸의 의식이다.

5 illusion: A를 대상 B로 잘못 보는 지각장애
성스러움은 세속으로 보이는 착각으로 드러난다.
전체는 부분으로 보이는 착각으로 드러난다.
지복은 고통으로 보이는 착각으로 드러난다.
진리는 거짓으로 보이는 착각으로 드러난다.
깨달음은 어리석게 보이는 착각으로 드러난다.
생명은 죽음으로 보이는 착각으로 드러난다.

6 harness(동사)의 라틴어원은 'harnois'이며 전투용 준비물, 말과 마차를 연결하는 안전 쇠고리를 뜻한다. 이 글에서는 문맥상 '완전한 연결고리'로 번역하였다.

보이는 것과 보이지 않는 것

Seen and Unseen

Enlightenment is a sudden, direct and energetic illumination that
is continuously available. It is the open secret which
reveals itself in every part of our lives.
The open secret is about the rediscovery of what it is that lives.

이 책은 깨달음이란 갑작스럽고, 직접적이며, 언제나 사용 가능한
생명력 넘치는 되비춤이라 선언한다. 그것은 삶의 모든 부분에서
스스로 드러나는 공개된 비밀이다.
공개된 비밀은 '살아 있는 그대로'를 재발견함이다.

Seen and Unseen

This is a book declaring that enlightenment is a sudden, direct and energetic illumination that is continuously available. It is the open secret which reveals itself in every part of our lives. No effort, path of purification, process or teaching of any kind can take us there. For the open secret is not about our effort to change the way we live. It is about the rediscovery of what it is that lives.

No one concept, or set of concepts, can express enlightenment. To attempt to share through words the rediscovery and wonder of what already is, is as futile a process as writing a recipe for plum pudding and expecting someone reading it to be able to taste it.

It seems to me that verbal communication can only ever be an expression of an understanding, and I am sharing my understanding of what I feel is the most significant and liberating insight that it is possible to comprehend.

보이는 것과 보이지 않는 것

이 책은 깨달음이란 갑작스럽고, 직접적이며, 언제나 사용 가능한 생명력 넘치는 되비춤이라 선언한다. 그것은 삶의 모든 부분에서 스스로 드러나는 공개된 비밀이다. 어떠한 노력이나 정화 단계, 어떤 종류의 과정이나 가르침도 우리를 깨닫게 할 수 없다. 왜냐하면 공개된 비밀은 우리가 사는 방식을 바꾸려는 노력이 아니기 때문이다. 그것은 '살아 있는 그대로'를 재발견함(재확인)이다.

어떤 하나의 개념이나 개념들의 조합으로도 깨달음을 표현할 방법이 없다. 이미 존재하는 있음의 재발견과 경이로움을 말로 공유하는 시도는, 자두 푸딩 레시피를 읽고 푸딩 맛을 기대하는 사람처럼 쓸모없다.

언어소통은 단지 이해의 표현일 뿐, 나는 단지 내가 느끼는 이해를 공유하는데, (그것에 대한) 나의 느낌 정도가 그나마 이해 가능한 가장 근원적이며 해방적인 통찰일 것이다.

There is nothing new that is being expressed here. We all have a sense of it, and it has been written and spoken about in various ways and from differing influences and backgrounds.

Some people I have shared this with have put it away in a box with a label on it. Many have come across it and quickly shuffled back to that which they think they can know and do. Others have said that "life is not that simple". I have to say that simplicity was one of the most wonderful qualities that surprised me about this revelation, together with its all-encompassing nature. There are those who believe that "enlightenment takes time" or that they need to experience various processes or realize certain beliefs before considering "this kind of approach". Others vigorously reject the idea that freedom can be realized in any other way than through effort, sacrifice and discipline, and many completely misinterpret what is being communicated.

여기에서 새롭게 표현되는 말은 전혀 없다. 우리 모두는 존재(있음)의 감각을 가지고 있으며, 그것은 여러 가지 방식으로, 서로 다른 영향과 배경을 바탕으로 쓰이고 구전□傳되어 왔다.

이것을 나와 공유해왔던 어떤 사람들은 이 비밀을 상자에 넣고 이름을 붙여놓았다. (있음에 이름을 붙이고 봉인해 버렸다.) 많은 사람들이 그것을 우연히 발견해왔지만, 그들이 알 수 있고 실행할 수 있다고 생각하는 (지각할 수 있는 구체적) 대상으로 빠르게 뒤섞어 버렸다. 또 다른 사람들은 "인생은 그렇게 단순하지 않다."고 말해왔다. 그러나 지금 나는 이렇게 말해야겠다. 단순함은 있음의 포괄적인 본성과 함께, 이 비밀(있음) 드러남에 대해 나를 놀라게 만든 가장 경이로운 특성이었다고. "깨달음에는 시간이 걸린다."고 믿는 사람들이 있다. 또는 "깨달음에 도달하기 전 다양한 과정"을 경험하거나 특정한 신념 체계를 실현해야 한다고 믿는 사람들이 많다. 이런 사람들은 자유는 노력, 희생, 원칙을 통해서가 아닌 직접 실현될 수 있다는 생각을 강력하게 거부한다. 그러므로 많은 사람들이 '소통되어 그대로 있음'을 완전히 잘못 해석한다.[1]

But from wherever and whenever this insight is communicated, it has no connection with endgaining, belief, path or process. It cannot be taught but is continuously shared. Because it is all that is no-one can lay claim to it. It needs not to be argued, proven or embellished, for it stands alone simply as it is, and can only remain unrecognized and rejected, or realized and lived.

언제 어디서나 이러한 통찰(이 비밀은)은 누구에게나 공유되어 있으며, 결과적 이득이나 개인적 믿음, 영적 수행이나 과정(마음공부나 명상)과 전혀 관계없다. 이것은 가르칠 수 없으며 누구에게나 계속 소통되고 있다. 왜냐하면 그것은 누구도 개인적 소유권을 주장할 수 없는 모든 것이기 때문이다. 그것은 논쟁될 필요도, 입증될 필요도, 꾸며질 필요도 없다. 왜냐하면 그것은 있는 그대로 스스로 홀로 있으며, 인식되지 않고 거부된 상태이든(우리가 깨닫지 못하고 살아가든지), 실현되어 살아있든지(깨닫고 살아가든지) 어떤 경우든 관계없이 지속적으로 작용하기 때문이다.

옮긴이 주

1 이 책에서 사용되는 communication은 '소통'을 넘어선 개념이다. 즉 '누구에게나 이미 개방되어 나누어질 필요가 없는 전체인 상태'를 의미한다. 토니 파슨스, 『This Freedom』(2020) 참조

옮긴이 맺는 말

지금 무엇이 보이는가?

●

지금 어떤 소리가 들리는가?

눈이 한 개의 검은 점을 보았고,
귀가 두 가지 소리를 들었다면,
틀렸다.

눈은 한 개의 검은 점과,
그 점이 나타난 공간空間을 동시에 보았고,

귀는 두 가지 음^音과,
두 음 사이 고요함을 동시에 들었다.

무엇이 그런 식으로 보고 듣는가?

작은 점을 볼 때 당신 눈이 작아지는가?

큰 점을 보면 당신 눈이 커지는가?

작은 소리를 들으면 귀가 작아지는가?

큰 소리를 들으면 귀가 커지는가?

왜 그렇지 않은가?

눈이 사물을 보는 중이 아니고
귀가 소리를 듣는 중이 아니기 때문이다.

아무도 없는 밤 꿈속에서
당신은 보고 듣고 뛰어다닌다.
절벽에서 떨어지고 칼에 찔려 죽기도 한다.

무엇이 그렇게 작용하는가?
눈이 보는가? 귀가 듣는가? 몸이 몸을 움직이는가?
눈이 본다면 눈 감고 자는 꿈에서 보이지 않아야 하고,
귀가 듣는다면 고요한 밤 꿈에서 들리지 않아야 하고,
몸이 움직인다면 누워 자는 꿈에서 뛰어다닐 수 없다.

보고 듣고 움직이는 것은
눈도, 귀도, 몸도 아닌
그것이다.

그것은
누구나 갖고 있으며
누구나 알고 있으며
누구나 사용 중이며

누구와도 함께하고 있다.

언제나 있고,
어디에나 있고,
누구와도 있는,
행복하지도 않고 불행하지도 않은,
건강하지도 않고 병들지도 않는,
살지도 않고 죽지도 않는,
그것.

좋아하는 것을 보거나 싫은 소리를 들어도 그것은,
당신이 칼에 찔려 피투성이가 되어도 그것은,
배우자가 100층에서 떨어져 뼈가 산산조각나도 그것은,
사랑하는 자녀가 당신 눈앞에서 물에 빠져 죽어도 그것은,
당신이 말기 암에 걸려 죽게 되어도 그것은,
타인이 당신의 목을 졸라 죽여도 그것은,
당신이 타인의 목을 졸라 죽여도 그것은,
더 이상 살기 싫어
내가 자살해도 그것은,

아무 일 없다.

다행히도

그것은 몸 안에 들어 있지 않고,
몸 밖에 있기 때문이다.

그것은 빼앗길 수도 없다.
다행히도
그것은 소유자가 없기 때문이다.

그것은 유지 보수가 필요 없다.
다행히도
그것은 생기거나 없어지지 않기 때문이다.

그것을 로맨틱하게 말하면
당신의 모든 부름에 응답하는 헌신적인 연인戀人.

그것을 어거지로 말하면
있음(Being),
하나(Oneness),
전체(Wholeness),
순간(Moment),
존재함(Presence),
의식(Consciousness)
이다.

그것이
공개된 비밀,
몸 안에 갇혀 있지 않은,
개인적 동기가 전혀 없는,
결코 분리되지 않은,
불멸의 단일 의식,
당신이다.

옮긴이 안이지

오픈 시크릿

The Open Secret by Tony Parsons

초판 발행 | 2024년 12월 10일

지은이 | 토니 파슨스
옮긴이 | 안이지
펴낸이 | 김성배
펴낸곳 | 도서출판 씨아이알

책임편집 | 박승애
디자인 | 윤현경, 엄해정
편집교열 | 신은미
제작 | 김문갑

등록번호 | 제2-3285호
등록일 | 2001년 9월 19일
주소 | (04626) 서울특별시 중구 필동로8길 43(예장동 1-151)
전화 | (02) 2275-8603(대표)
팩스 | (02) 2265-9394
홈페이지 | www.circom.co.kr

ISBN   979-11-6856-296-7 (03110)